Gwyneth Lewis

TAIR MEWN UN

Cerddi Detholedig

i Ken Kyffin,

Hwyl fawr,

Gwyneth Lewis

Cyhoeddiadau Barddas 2005

Cyhoeddiadau Barddas 2005

ⓗ Gwyneth Lewis
Argraffiad Cyntaf – 2005

ISBN 1 900437 69 4

*Cyhoeddwyd gyda chymorth ariannol
Cyngor Llyfrau Cymru.*

Cyhoeddwyd gan Gyhoeddiadau Barddas
Argraffwyd gan Wasg Dinefwr, Llandybïe

CYDNABYDDIAETH

Ymddangosodd rhai o'r cerddi hyn yn *A5*, *Barddas*, *Barn*, *Cofio'r Dafydd*, *Glas-Nos*, *Golwg*, *Hel Dail Gwyrdd*, *Llwybrau Bywyd* (Urdd Gobaith Cymru), *Poetry Wales*, *Tu Chwith* a *Taliesin*. Lluniwyd 'Hen Salwch' ar gyfer Sgwantwm Gŵyl y Gelli, 1994. Comisiynwyd 'Cân yn y Cywair Lleddf' gan Dywysog Cymru, ac fe'i perfformiwyd gyda'r delynores Catrin Finch fel rhan o gerdd hwy, 'Pluck', yn Orendy Margam, Gorffennaf 2004. 'Maen Hir' oedd y gerdd gyntaf i mi ei llunio ar ôl fy apwyntio yn Fardd Cenedlaethol Cymru. Hefyd, rwy'n ddiolchgar i NESTA am gymrodoriaeth a'm galluogodd i weithio ar rai o'r cerddi hyn.

CYNNWYS

SONEDAU REDSA
a Cherddi Eraill (1990)

I

II

III

CYFRIF UN AC UN YN DRI (1996)

I: DOLENNI

DOLENNI: Cwlwm o gerddi

II: Y DAITH

III: CYLCH AMSER

Y LLOFRUDD IAITH (1999)

CERDDI YCHWANEGOL

RHAGAIR

Ffrwyth pymtheng mlynedd a mwy o gyhoeddi barddon-
iaeth sydd yn y gyfrol hon. Dechreuais lunio cerddi pan
oeddwn yn saith mlwydd oed: mae'n cymryd amser hir
ambell waith i ddechrau cyhoeddi. Eleni, fe aeth fy nghyf-
rolau i gyd allan o brint, ac rwy'n ddiolchgar iawn i Gyhoedd-
iadau Barddas, gyda chymorth Cyngor Llyfrau Cymru, a
chaniatâd Gwasg Gomer, am y cyfle hwn i gywain cerddi'r
tair cyfrol ynghyd.

    Cyhoeddwyd *Sonedau Redsa a Cherddi Eraill* gan Wasg
Gomer ym 1990. Heb gymorth Eirian Davies ("Rhaid i ti
gyhoeddi cyn i ti droi'n ddeg ar hugain, fe fydd pobol yn
fwy caredig!") fyddwn i ddim wedi mentro i brint, er i
Eisteddfod yr Urdd argraffu dau bamffled o'm gwaith, fel
rhan o wobr cystadlaethau'r Fedal Lenyddiaeth yn Y Barri,
1977, a Llanelwedd, 1978. Pan oeddwn yn gweithio yn
Ynysoedd y Philippine fel newyddiadurwraig, gofynnwyd i
mi fod yn fam fedydd i Maria Redsa Gwynette Barbaran
Balatan, merch i ffrindiau. Ganed Redsa yn fuan ar ôl y
Chwyldro 'People Power' a ddisodlodd yr unben Ferdinand
Marcos ym 1986. Penderfynais y byddai cyfres o gerddi yn
olrhain hanes ei gwlad mewn iaith seml, addas i blentyn, yn
anrheg fedydd dda i Redsa. Roeddwn i hefyd yn awyddus i
ymarfer ffurf y soned ("Rwyt ti'n eu troi allan fel sosejes!"
meddai Mam), felly dyma gyfuno'r ddau uchelgais. Pan es i
Ogledd Luzon i gyflwyno'r gerdd, gyda chyfieithiad Saes-
neg, bûm yn sgwrsio gyda hen ŵr ar *porch* cartref y teulu.
Eglurais beth oedd fy anrheg. Edrychodd i gyfeiriad y coed
am ennyd a dweud: "Mae hynny'n *bropor* iawn."

    Dyma oedd y cyfnod ymarfer ysgrifennu pryddestau ar
gyfer yr Eisteddfod Genedlaethol. Fy ymdrech gyntaf oedd

'Sonedau Redsa' a'r ail oedd 'Bro Ceridwen', rhyw fath o gerdd ffantasi neu ffuglen wyddonol am rym y dychymyg. O edrych yn ôl, ni synnaf ddim na welodd beirniaid y Goron yn dda i wobrwyo'r un ohonynt (na'r chwe phryddest a ysgrifennais i gyd), ond rwy'n ddiolchgar iawn am y cyfle a roddodd y gystadleuaeth i mi i ddysgu llunio cerddi hir, neu gyfres o gerddi ar yr un testun. Dyma brentisiaeth werthfawr, fel y mae colli mewn cystadleuaeth hefyd yn brofiad buddiol, gan ei fod yn dysgu i fardd fod mwy i gelfyddyd na llwyddo yn gyhoeddus. Erbyn hyn rwy'n falch iawn fy mod yn gwybod, fel y dywedodd George Herbert, 'a verse is not a crown/No point of honour, or gay suit . . . But it is that which while I use/I am with thee'.

Cymerodd fy ngwaith fel bardd gam mawr ymlaen pan fu Alan Llwyd o wasg Barddas yn ddigon caredig i gyhoeddi *Cyfrif Un ac Un yn Dri* ym 1996. Rwy'n ddiolchgar dros ben am ei frwdfrydedd tanbaid dros farddoniaeth, am ei ofal diddiwedd a'i broffesiynoldeb fel golygydd. Mae wedi bod yn fraint i weithio gydag Alan ac yn rhyddhad i gwrdd â rhywun sydd hyd yn oed yn fwy obsesiynol am gerddi nag yr ydw i! Yn y gyfrol hon ceisiais ddarganfod y gwahanol fathau o farddoniaeth sy'n bosibl i'w hysgrifennu yn y Gymraeg ar ddiwedd yr ugeinfed ganrif. Cyfrol arbrofol, ond, o edrych yn ôl, rwy'n gweld deunydd crai blynyddoedd o waith (yn farddoniaeth a rhyddiaith, yn Gymraeg ac yn Saesneg) yn y cerddi hyn. Ambell waith, mae eu hailddarllen fel edrych i bwll fy isymwybod, ffynnon sy'n dangos rhai pethau afluniaidd, ond sydd yn proffwydo'r dyfodol.

Cyhoeddwyd *Y Llofrudd Iaith* ym 1999, ac enillodd y gyfrol Wobr Llyfr y Flwyddyn Cyngor Celfyddydau Cymru. Fe'i hysgrifennais fel ymateb i ddatganiadau byrfyfyr a wnaed i ddathlu troi'r llanw yn y frwydr i achub yr iaith Gymraeg. Does ond angen edrych ar fywyd cefn gwlad Cymru i weld fod yr argyfwng yn fwy difrifol nag erioed. Cefais sioc o ddarganfod fy mod hyd yn oed yn fwy pesimistaidd am y dyfodol nag yr oedd R. S. Thomas cyn iddo farw, er nad ydw i'n un sy'n anobeithio'n hawdd. Os oes modd i iaith farw, mae modd iddi gael ei llofruddio. Penderfynais gynnal fy archwiliad fy hun i dranc yr iaith, ond heb gynnig atebion hawdd, a chan ddechrau gyda chyfrifoldeb y bardd. Pe bai beirdd yn medru achub iaith, byddai dyfodol y Gymraeg yn ddiogel. Mae llunio'r dyfodol yn fater cymdeithasol llawer mwy cymhleth. Mae'n anodd peidio â dod i'r casgliad mai'r un diofalwch am iaith a'r amgylchedd sy'n arwain at yr argyfwng ehangach sydd yn ein hwynebu ac a fydd yn dyfnhau yn y blynyddoedd i ddod.

Nawr fod y tair cyfrol o dan yr un to, fel petai, gyda rhai cerddi newydd i gadw cwmni iddynt, fy ngobaith yw cael modd i ysgrifennu mwy. Rhaid i mi ddiolch i'm gŵr, Leighton, am ei amynedd arwrol a'i gefnogaeth ar hyd y blynyddoedd. Dyw barddoni ddim yn mynd yn haws, ond anghofia i byth iddo brynu camera newydd yn unswydd yn Aberystwyth i dynnu llun o'r copi cyntaf o *Sonedau Redsa* yn ffenestr Siop y Pethe. Pan es i i'r coleg, rhoddodd fy rhieni gopi o'r *Geiriadur Mawr* i mi ('Gwyneth Lewis oddi wrth Dad a Mam Medi 1978' yn ysgrifen fy nhad), ond lluniodd fy sgwrs hir gyda nhw fy ngyrfa fel bardd. I'm rhieni y cyflwynir y gyfrol hon.

Gwyneth Lewis
Bardd Cenedlaethol Cymru
2005

SONEDAU
REDSA

a

Cherddi Eraill

I

SONEDAU REDSA

I Maria Redsa Gwynette Barbaran Balatan,
fy merch fedydd ar Ynysoedd y Philippine

HWIANGERDD

Mae'n nos nawr, Redsa, ac mae'r pryfed tân
yn ffrwydro'r tywyllwch yng nghangau'r cwm
a'r *cicada*'n sgrechian, yn methu'n lân
â deall distawrwydd dy bentre llwm.

Clyw dy dad yn cysgu. Mae'r drws ar glo
a'r mosgito'n feddw ar win ei waed.
Daw'r fadfall o'i chuddfan o dan y to
a chilio wrth deimlo'r gwlith o dan draed.

Clustfeinia, Redsa, ac fe glywi'r wlad
yn breuddwydio'i hanes yng nghyffro'r gwyll.
Mae'r dail yn siffrwd hunllefau dy dad
a chysgod y palmwydd yn cuddio dryll.

Mae'r golch fel ysbrydion ar berthi'r clos.
Edrych di, Redsa, ar ddarluniau'r nos.

YR UNBEN

Ar lethr La Union mae wyneb cawr
yn gwenu mewn concrid â llygaid oer.
Mae Marcos yr unben yn edrych i lawr
dros y caeau padi yng ngolau'r lloer.

Y mae'r tanau yn diffodd, un wrth un,
ym mhentref y gweithwyr ar lawr y cwm.
Ond uwch eu pennau mae llygaid di-hun
yn rhythu i'r nos o dan aeliau trwm.

O'r pentref, sŵn peswch, a mwmian gwraig
yn dweud wrth ei phlant nad oes ganddi fwyd,
a hithau'n melltithio gwleidydd y graig.
Didrugaredd yw'r gwefusau llwyd.

Ond eto, daw amser â'i ddial chwim
i erydu'r cerflun a'r gwenau'n ddim.

HOFF FREUDDWYD
YR ATHRO HANES

(Lladdwyd Ferdinand Magellan, darganfyddwr
Ynysoedd y Philippine, ar 26 Ebrill 1521.
Dienyddiwyd ef gan Lapu, un o benaethiaid yr Indiaid.)

Magellan yn plannu'r groes bren fel arf,
yn hawlio paradwys i goron Sbaen.
Arswyd y merched wrth weled ei farf,
penaethiaid yr Indiaid yn plygu o'i flaen.

Cynnal offeren, rhoi cymun i'r llwyth,
a'r pentref yn dysgu hud y dyn gwyn,
sut i blesio'r saint ag offrymau ffrwyth,
plant yn dwyn aur at yr offeiriaid syn.

Ac yna'r hen Lapu, pan ddaw ei dro,
yn gweld y dyn dŵad, cyfarch ei gwch.
Gwân traddodiadol yw ei offrwm o,
rhodd sydd yn gadael corff gwyn yn y llwch.

A rhyfedda'r pysgod wrth weld pen gŵr
wyneb yn wyneb â hwy yn y dŵr.

IV

COFIO BRWYDR CORREGIDOR

(Trechwyd y Cadfridog MacArthur gan y Siapaneaid
ym 1942 ar ynys ym Mae Manila.)

Hunllef y gwarchae sy'n siglo'r hen ŵr
a'i yrru i'r ardd yn yr oriau mân,
fel milwr ifanc, i wrando ar stŵr
gynnau Manila yn poeri eu tân.

Mae'r nos yn ddigyffro, ond yn y drain
gwêl filwr yn llusgo'i gorff dros y llawr
a daw, drwy'r blynyddoedd, i'w glustiau main
fwmian awyrlu yn hedfan liw gwawr.

Mae'n chwysu wrth gofio yr ogofâu,
griddfan y cleifion, y cymylau clêr
a sgrech awyrennau'r gelyn yn hau
y bomiau ffrwythlon dros y gwersyll blêr,

dynion yn gwywo, eu tafodau'n sych
a'r môr o'u hamgylch yn llonydd fel drych.

CARCHAROR GWLEIDYDDOL

*(Daliwyd Benigno Aquino am saith mlynedd yn y ddalfa
yn ystod cyfnod Cyfraith Rhyfel Marcos.)*

'Stafell foel oedd ei garchar – gwely pren,
pentwr o lyfrau a chroes ar y mur,
bwced a llestr y tu ôl i len,
bwrdd yn y gornel, a ffenestri dur.

Cerddodd filltiroedd yn ei siambr gul,
mewn penyd am bopeth y methodd ei wneud.
Pan ddeuai ei wraig i'w weld ar y Sul
â chusanau a bwyd, doedd dim i'w ddweud.

Trodd amser yn burdan, ond dysgodd ddal
artaith arweinydd yn aros ei dro.
Anghofiodd am ofn rhwng y pedair wal,
arswyd sŵn allwedd yn troi yn y clo.

Ar ei liniau, newidiodd wyll ei gell
yn bwerdy gweddi am ddyddiau gwell.

ANGLADD AQUINO

(Saethwyd Aquino ym maes awyr
Manila ar 21 Awst 1983.)

Fel neidr ymlwybra'r bobl drwy'r pyrth,
daeth cannoedd ar filoedd i dalu parch
i'r gŵr a'u hysgogodd i ddisgwyl gwyrth
er gwaethaf carchar terfynol ei arch.

Mae mwmian paderau'n esgyn i'r nef
fel arogldarth, heibio i'r angylion syn.
Miloedd yn wylo wrth ei weled ef
mewn dillad gwaedlyd – 'Rhaid talu am hyn.'

A'i weddw ddiysgog, yng nghanol stŵr
a mellt ffotograffwyr, yn plygu'i phen
mewn ffárwel cyhoeddus, wyneb ei gŵr
yn wyn wrth ei llaw. Ymgroesi, amen.

"Gwantan yw'r cnawd. Rhoddwyd taw arno ef.
Ni all bwled ddryllio ei freuddwyd gref."

MRS AQUINO

(Y darpar-arlywydd cyn etholiad 1986)

"Mae amser i bopeth o dan y nef –
cyflymdra'r fwled a boerwyd o'r gwn
a'r tair blynedd hir er pan gollais ef.
Daeth amser ymadael â'r galar hwn.

Mae mamau a gweddwon yn wylo'n dost
dros gyrff diadnabod ar gornel stryd.
Roedd fy ngŵr yn ddyn cyfiawn. Talodd gost
ei egwyddorion gyda'i fywyd drud.

Mae amser i farw ac amser i fyw,
amser i dewi ac amser i ddweud.
Rhown derfyn ar ddioddef dynol-ryw
os mentrwn obeithio a beiddio gwneud.

Mae amser i bopeth o dan y nef.
Codwn Aquino. Daeth ei amser ef."

VIII

YMLADD CEILIOGOD

*(Marcos yn breuddwydio am fuddugoliaeth
yn yr etholiad.)*

Tawelwch. Mae'r adar yn agosáu,
yn gwylio'i gilydd a thorsythu'n falch.
Mae cyllyll ynghlwm wrth sbardunau'r ddau,
wyneb y beirniad cyn wynned â chalch.

Un yn ymosod, yn defnyddio'i big
a'r dyrfa gyfan yn codi i'w thraed
i wylio gornest y trawiadau dig
a'r adar yn wyllt, wedi blasu gwaed.

Mae un wedi llwyddo i lorio'r llall,
un adain yn llipa, a chyn pen dim
y mae'r ceiliog coch yn trywanu'n ddall
ond mae'i elyn uwchben gyda'i gyllell chwim

yn storm o grafangau ac adenydd du,
a'r llall yn y llwch yn swp o blu.

PRYNU PLEIDLEISIAU

(Ymgyrch etholiadol 1986)

"Neithiwr, pan oedden ni'n dau'n gwylio'r glaw
yn arllwys o'r gwter, fe ddaeth dau ddyn.
Gwthiwyd can *peso* i gledr fy llaw
a chrys-T Marcos. 'Down i ddim yn cîn

ar y sgrifen, ond mae 'nghrys i 'di mynd
yn rhacs yn ddiweddar a'r wraig yn wael.
Derbyniais y crys. Roedd Pedro'n cyd-fynd
y dylid ad-dalu anrheg mor hael.

Ond heddiw fe wyliais i rali'r llall –
tipyn o arwr oedd ei gŵr i mi –
a, wir, 'roedd ei haraith yn ddigon call,
yn sôn am ein hawliau cynhenid ni.

A chwarddes pan weles Pedro'n eu plith
fel fi'n gwisgo crys newydd sbon o chwith!"

TRECHU'R TANCIAU

(Y Chwyldro, Chwefror 1986)

Saif un yn enw penwynni'i fam
a'i phoen pan gipiodd y milwyr ei dad.
O'r diwedd mae'n barod i achub cam
y corff a ddychwelwyd heb eglurhad.

Saif un dros ei chwaer ac wylo ei phlant
a drowyd, fel gwartheg, o'u cartref tlawd,
y gyflafan pan saethwyd hanner cant
a'r fwled anhysbys a laddodd frawd.

Fodfedd wrth fodfedd daw'r tanciau yn nes
a milwyr ifainc yn gaeth yn eu côl.
Rhai'n wylo wrth weled rhes ar ôl rhes
o leianod gwan yn eu troi yn ôl.

"Gosod dy ddwylo, fel fi, ar y dur.
Gyda'r miloedd tu cefn fe ffurfiwn fur."

GWEDDI AM HEDDWCH

Yn y dyrfa saif cerflun o'r Forwyn,
ei mantell o farmor amdani'n dynn.
Yn ei dwylo oer mae'n dal yn addfwyn
iachâd ein dioddef, ein gobaith gwyn.

Yng nghorff yr eglwys agorwyd y pyrth
ac mae'r mamau'n penlinio wrth ei thraed
yn mwmian fel gwenyn am felys wyrth
trugaredd y marmor at gnawd a gwaed.

"Mair, fam Iesu, lliniara ddigofaint
y metel gwallgof, y gwn dieflig.
Tawela lid gelynion ein ceraint
â rhinwedd dy sancteiddrwydd gosgeiddig.

Cadw'n dinas rhag staen galanas
a'n meibion yn fyw yn ysbryd dy ras."

Y MILWR

(Yn y fforestydd)

Bûm yn y coedwigoedd yn gwylio'r wlad,
yn gwarchod pentrefi rhag . . . 'wn i ddim beth.
Nid oes ffiniau mewn coedwig, dim ond cad
ddiddiwedd y dail yn yr haul di-feth.

Chwysais, a baglu gyda'm harfau trwm
yn drwsgwl dros wreiddiau a fachai 'nhraed.
Ni welais 'run gelyn yng ngwyll y cwm,
ond adar yn troelli ac yn disgwyl gwaed.

Anghofiais orchmynion swyddogion a fu
yn chwarae strategaeth o'u trefi pell.
Boddwyd rhesymeg y fyddin gan ru
y *cicadas* yn bloeddio rhyfel gwell

ymerodraeth y goedwig, lladdfa lân
y nos wrthi'n brwydro â'r pryfed tân.

CWYMP MARCOS

"Pan aeth Pedro a fi i mewn i'r plas
rown ni gyda'r rhai cynta' dros y wal.
Fe redon ni nerth ein traed heibio i'r gwas,
trwy rodfa euraid o golofnau tal.

Roedd y teulu, yn amlwg, newydd ffoi –
bwyd twym ar y ford, goleuadau 'mlân,
papurau ym mhobman, dim wedi'i gloi.
Chwibanodd Pedro. Rown ni'n methu'n lân

â chredu ein bod yn gweld y fath foeth:
lluniau godidog yn cuddio pob mur,
celfi cysurus a charpedi coeth,
canhwyllbrennau, llestri o arian pur.

'Wel, yr hen lwynog. Mae'n dipyn o ffau.'
A phocedodd Pedro addurn neu ddau."

TÝ HAF MARCOS, TALISAY

Dyma adfail palas ar gopa bryn,
dau filwr cysglyd yn gwarchod y tir.
Mae'n gwawrio'n barod ac mae dŵr y llyn
yn gwylio'r llosgfynydd â'i lygad clir.

Mae'r grisiau'n gandryll at y llofftydd coeth,
pryfed yn twrio drwy'r trawstiau trwm,
llysnafedd a llaid dros farmor noeth
a'r gegin yn sgerbwd o bibau plwm.

Cyn hir fe ddaw natur i ben â'i gwaith,
bydd y plas a'i bobl yn angof llwyr,
lianas yn gorchuddio'r muriau llaith,
haid o ystlumod yn dod gyda'r hwyr

i wrando'n y gwyll ar chwerthin di-daw
direidi'r gwyntoedd a dirmyg y glaw.

ANRHEG REDSA

Mae'n fore. A glywi di glychau'r llan
yn seinio awr yr *angelus* o'r tŵr?
Mae'r pentref yn deffro, ac yn y man
daw'r forwyn o'r ffynnon yn cario dŵr.

Cysga di, Redsa, mae gweithwyr y stad
yn clirio prysgwydd a'u rhoi ar y tân.
A heb i ti wybod, fe ddaw dy dad
yn slei i edmygu ei faban glân.

Ryw ddydd fe ddeëlli'r llinellau hyn,
fy anrheg fedydd yw hanes dy wlad:
rhyfel, Magellan, y plas ar y bryn,
aberth Aquino, creulondeb a brad.

Cofia'r breuddwydion a chei fyw yn rhydd,
di blentyn y chwyldro, yng ngolau'r dydd.

II

Y FERCH
CHWITHIG

DAMEG Y FERCH
CHWITHIG

tan,
heb yn wybod iddi,
un bore
gosododd y droed dde
yn yr hosan chwith
a'r droed chwith
yn yr hosan dde.

Gwasgwyd i'w gwadnau
wrthrhythmau gwlanog.

Teithiodd ganlyniadau
gwe'r gwrthundod
yn ei mynd a dod
i'w chalon
gan gynnil-awgrymu
anamserol alawon
i'w dic-doc
doc-dic dyddiol.

A phan ddringodd i drên y dwyrain,
llithrodd gam yn hwy na throedfedd
dan y sawdl llonydd
yn ei hosan.
A rhwng y tri –
ei gwadnau, y cerbyd
a gwrthdon chwyrndroi'r ddaear
i'r dwyrain chwithig –
fe'i cariwyd yn rhy chwim

i fan na fynnai fod,
ac ychydig ymhellach
ac yn ddyfnach
nag a wyddai.

A phan ddihangodd cariad
o'i blaen, trai sydyn mewn llanw,
synnodd yn dawel
ac addo anelu'n well
y tro nesaf.
Ond er ymlafnio
a dyfal-gywiro
ei chyfeiriadau,
ar ŵyr yr aeth
pob llinell.

Dywedai rhai
fod golwg merch
mewn dimensiwn arall arni.

Ac yn wir i chi,
pan geisiais y bore o'r blaen
roi anwes ar ei boch,
teimlais fy llaw yn llithro
i'r chwith ohoni,
a thrymder fel dŵr
o'i hamgylch.

'Does dim ymafael
ym mhlygiant y galon.

Pan welodd hi hyn,
cwrs fy llaw ar ŵyr,

rhoddodd ochenaid fach a gwên
cyn i'r tonfeddi
blygu'n dawel dros ei phen,
a gadael ei het
yn troelli'n araf
uwchben y sŵn
ar rythmau
rhy ddwys i'r ddinas.

ADESTE FIDELES

(Ar ôl bod mewn gwasanaeth yn Eglwys Gadeiriol Llandaf ar fore Nadolig a gweld Majestas *Epstein.)*

Gorfoledd carol y clychau
yn gryndod ar frigau deri Llandaf
a'm denodd
i groth yr eglwys.
   'Adeste fideles . . .'

Wrth fyned drwy'r porth
caf fy ngeni i fyd mudan
gweddïau tawedog,
i fyd y Nadolig hwn.

Yma, mae arlliw breuddwyd ar y golau gwiw,
a staen y saint ar wawr pileri'r plygain;
dail yn gnwd o liw
ar y muriau hyn
a choethder chwedl y Geni
yn fflachiadau aur
a melynder meddal y canhwyllau;
y côr yn angylion bochgoch
yng nghyffro'r dathlu hwn –
'Gloria in excelsis . . .'

Esgyn y gân yn araf, fel tarth,
rhwng y colofnau cain
tua'r bwa gosgeiddig gwyn.
Ond ni ddaw gwres i welwder y cerflun,
i lymder yr aelodau
a thristwch Ei wedd;

ni ddaw disgleirdeb chwedl y seren
i'r llygaid mwll,
y gruddiau llwyd,
a'r corff mewn artaith dan yr hoelion du.

Mae niwl y celwyddau
dros Angau'r Geni.

EMYN CANMLWYDDIANT

(Emyn a gomisiynwyd ar gyfer canmlwyddiant Cymdeithas Dafydd ap Gwilym, Rhydychen, 1986.)

Tôn: Pantyfedwen

Fe roddwyd gwinllan deg i'n gofal ni –
Maes ein treftadaeth, gardd Dy roddion Di;
Er difa'r fan, er gwywo'r glas o'r dail,
Mae blagur eto'n harddu'r gwreiddyn hael.
Boed iaith ein tadau'n gangen fythol ir,
A'i cheinciau'n glod i'th lendid yn ein tir;
Rhown ddiolch byth, mewn gweithred ac mewn cân,
Am win Dy air, a rhin Dy gymun glân.

Boed Dy gynhaeaf ynom yn un llawn,
Yn gnwd llawenydd ac offrymau dawn;
A boed ein gwaith dros iaith ein gwlad a'i ffawd
Yn fodd i garu'r Gair a wnaed yn Gnawd;
Ac os mai pleidiol ydym oll i'n gwlad,
Mae cartref gwell yng nghyfamodau'r Tad;
Rhown ddiolch byth, mewn gweithred ac mewn cân,
Am win Dy air, a rhin Dy gymun glân.

IOLO MORGANWG

Fe wyddai'n iawn mai anwar oedd ei awen ef,
yr hawliai ganddo, hwyr neu hwyrach, lawer mwy
na rhoddion ei amserau.
Meistrolodd foesau Llundain, grefftau'r oes,
pamffledu ei freuddwydion, ennill ei ail blwyf
mewn sgyrsiau ffraeth tafarndai, lle'r oedd dawn yn ach,
a dysgodd gario'r dyddiau byr â'i ddeall chwim.

Gwrthododd hi cyn hir ei ysgolheictod bro.
Ysgolor hiraeth, gyrrodd ef o'i go'
a'i droi yn wyddon hanes.

Haelionus oedd ei dwyllo, llawen, rhydd
o grintach beirdd gwangalon a'u gonestrwydd tlawd.
Heb air wrth neb, gweithiodd yn oes gorffwylledd,
colli'i bwyll, a mynd yn hen, hen cyn ei amser.

Ond chwarddai nerth ei ben fel bachgen ambell nos
wrth weld amser iddo'n ufuddhau
a'r byd yn gwireddu ei eiriau.

III

BRO CERIDWEN

Mi gefais awen o bair Ceridwen.

Hanes Taliesin

BRO CERIDWEN

Fe'm ganed heb wybod beth oedd ystyr ffin
i lwyth a orchfygwyd ganrifoedd yn ôl
a'i adael yn angof i ffermio'r ffridd
ar gwr ymerodraeth. O lygaid fy mam
dysgais fod mwy i ddychymyg y pridd
na chloddiau ac erwau perchenogaeth dyn.
Hwsmon cysgodion oedd fy nhad,
bugail y golau dros lethrau'r lloer.

Y gwyntoedd yw'n preiddiau, a gwaith ein plant
yw hel diadelloedd y stormydd poeth
a'u gyrru'n ffromwyllt dros y dibyn pell
nes bo'r creigiau'n canu dan chwyth y chwa
a'n pentre'n ddiogel. Daw byddinoedd y nos
i'n goresgyn yn ddyddiol, nes i rym y wawr
gyflawni cyflafan feunyddiol y dydd
a'n rhyddhau am rai oriau i olau'r haul;
nes i warchae'r tywyllwch ein gyrru'n ôl
i gaerau'n cabanau, at sgwrs a chwsg.

Ni sonnir mwyach am y dynion coll.
Aeth saith mlynedd heibio, a thyfais yn wraig.
I gychwyn, bob gwanwyn, awn i graig y pwll
i chwilio ym merw'r cenllif glân
am gyrff y dieithriaid yn yr eira tawdd.
Ond wedi priodi, ni chwiliais mwy
am fod pobl yn siarad, a'r afon yn wag.

Ffroenais y gwynt am anadlu'r tri
a chael siffrwd pinwydd ar lethrau o iâ,
gwyrddni mwswg y creigiau a chri

ysgyfarnog dan gysgod y boda chwim.
Am y dynion, ni ddysgais ddim.

Ond yn haf y dieithriaid, yr oedd gennyf ddawn:
gallu'r gororau i'm troi fy hun
yn hebog ehedog dros foroedd o fawn.
Yn llys y brithyll, dan ddellt y brwyn,
llithrais fel enfys yr hwyr brynhawn
a dysgu gosgeiddrwydd gan y cerrynt oer.
Yna codais fel glas y dorlan o'r dŵr
ac esgyn i'r awyr nes bod asur fy mhlu
yn un â'r entrychion a'm henaid mor fain
nes y syrthiais i'r ddaear yn eira mân.

Liw nos, clywn rewlifau yn griddfan eu poen
a ffawtiau'r dyfnderoedd yn chwysu tân;
blagur yr onnen yn rhwygo'n rhydd
a chymylau anadl yr hydd
yn gynnes ar ystlys y llethrau llym.
A rhynnais bryd hynny yn nhwymyn fy rhin –
yn ysu â'r eira, yn llosg gyda'r lloer –
ar goll yng ngwallgofrwydd y tir ei hun.

Gwyddwn ers talwm fod y dynion yn dod
i herio 'ngororau â'u hoffer oer.
Arhosais yn ufudd. Cynyddodd fy ngrym.
Arllwysais fy hun fel dwfwr i'r byd,
a thasgu'n ddiferion wrth fwytho cefn
yr eog a neidiai dros esgair y rhyd;
gogleisiais fforestydd â bysedd y gwynt
a chodi ar gyfarth llwynog cryg
drwy frigau'r dyffryn ac at y ffridd
nes i'r byd ddiasbedain dan gnul fy nghri.
Nid oedd dim na fedrai fy nychymyg i.

Synhwyrais eu camau'n agosáu,
a gwelais hwy'n dringo fel morgrug i'r cwm –
gwŷr ymerodraeth, cenhadon ffaith.
Daeth gorchymyn y brenin: i brofi ei rym
comisiynwyd swyddogion i fesur ffin
a'i chlymu fel cortyn am wddf ei wlad.
Eglurodd y tirfesurydd i'm tad
fod angen cofnodi amlinell y tir
yn fanwl gywir, fel y medrai'r teyrn
hawlio treftadaeth o'r llethrau moel.
Rhaid oedd rhestru trigolion a chyfrif tai,
cofrestru coedwigoedd a phrofi'r pridd
am ffynhonnau olew neu fwynau cudd.
Daeth llysieuydd i gyfrif ein cyfoeth gwyrdd,
nodi potensial ein ffrwythau a'n dail.
Dylid trefnu'r tymhorau ar fframwaith gràff –
llinellau i'r lleithder, blociau i'r rhew,
blwch bach i bob drycin, a chroesau i'r haul.
Oedd y tywydd yn ufudd? Neu a ddylai'r wlad
ddyfrhau ein caeau, a sychu'r gors?
A beth am garthffosiaeth? Oedd y pentre'n lân?
Oedd ein gwragedd yn ffrwythlon? Y plant yn iach?
Oedd mewnfridio'n broblem mewn pentref mor bell?
Rhaid oedd gweinyddu'r gororau'n well.

Yn berffaith syml, atebodd fy nhad:
'Nid yw gwŷr y gwastatir yn deall dim
am diriogaeth y terfyn. Gofynnwch i'r gwynt
am y rhifau perthnasol.' Yna trodd i fynd.
Mewn fflach fe'i lloriwyd, ac roedd coesau'r tri
fel fforest o'i amgylch, a gwn wrth ei ben.
Ni cheisiodd ymladd . . .

                              Pan ddychwelodd i'r tŷ
roedd y cleisiau fel stormydd ar lethrau'i gefn.
Golchais y briwiau, fy llygaid yn llosg.
A gwyddwn bryd hynny y byddai'n rhaid i'r gwŷr
ddysgu'r gwirionedd am eu terfyn cau.
Ni yw eneidiau creigiau'r ffin:
ffawtiau'r uchderau yw'n ffaeleddau ni.
Mae'n gwragedd yn briod â'r tywydd mawr
a daw stormydd drwy'n bylchau at ddrysau'n tai
i chwilio am loches yn llygaid ein plant.
Nid yw dyn heb ei dirlun ond sachaid o laid:
talwn ddegwm ein pwyll ni at grefydd lem
cyfamod gwenithfaen â chig a gwaed.

Do, fe'u rhybuddiais cyn dechrau'r daith.
Dangosais i'r dynion fap cledr fy llaw;
gosodais dair carreg yng nghanol y byd
a'u taflu i'r afon. Suddasant yn oer
i'w herydu'n dywod dan linell y dŵr.
Fy llaw, eglurais, oedd tirlun y ffin,
hwy oedd y cerrig ac yn y llif
rhaid derbyn trawsnewid trugarog y dŵr.
Chwarddodd y dynion a'm galw'n ffŵl.

Drannoeth, cychwynnodd y tri ar eu gwaith.
Gwyliais o bellter. Fe safodd un
yn llonydd â'i bolyn ar waelod y clos
tra lluchiodd y llall ei gadwyn drom
fel rhwyd dros y ddaear, dro ar ôl tro,
yn fyddar i'r afon a chythrwfwl y gro.

Aeth wythnosau heibio, a symudodd y tri
fodfedd wrth fodfedd at y peiran pell.

Dilynais â'm meddwl, yn dawel fach –
llechais fel cadno ar orwel y grib
a throelli mor uchel ar gerrynt y bwlch
na welodd neb eryr, ond ysmotyn du
yn llygad unig ar gopa'r byd.
Ac fel merch, yn fy ngwely, ewyllysiais eu ffawd:
ymbiliais ar nerth y mynyddoedd noeth
i'w llenwi â gweledigaethau'r gro
a'u gyrru fel gwartheg dros derfyn eu pwyll
i diriogaeth rhyfeddod a rhandir gwell
na meddiannau brenin, neu fesurau dyn.
Gorfodais hwy i wlad fy rhin.

Arafodd eu camau. Blinodd y gwŷr
a ffoi, yn eu cwsg, i ogofâu
breuddwydion mor llachar nes i olau'r dydd
droi'n siom ac yn benyd, wedi treulio'r nos
yn crwydro drwy siambrau â muriau o aur,
eglwysi cadeiriol o bibonwy calch
yn dirgrynu tan ruo'r dyfroedd llyfn
a syrthiai fel sidan drwy neuaddau dwfn.
Ac ar wyneb y ddaear, gwelsant ffurfiau cudd –
dinasoedd mewn creigiau, fforestydd tan ddŵr;
a draw yn y clogwyn, ystlysau merch
yn codi fel cerflun o leithder y pridd –
gwraig o wenithfaen a'r mwswg fel cnawd
dros risiau'i hasennau, hyd frig ei bron.
Gwyliais y cyfan gydag enaid y frân
a gorfoleddais fod ewyllys y llaid
wedi cipio ffin ddynol oddi tan eu traed.
Baglent fel meddwon drwy gloddiau'r brwyn,
eu bydysawd yn gandryll a systemau'r sêr
yn chwyrlïo o'u hamgylch fel heidiau o glêr.

Anghofiodd y llysieuydd fod ganddo iaith
i ddisgrifio'r gwyrthiau a welai o'i flaen.
Â phensil, brasluniodd rwydweithiau'r dail;
cynyddodd y glesni rhwng cloriau'i lyfr.
Pan geisiodd eu cau, fe glywai sawr
sych y safana, paill cras yr haul.
Ffrydiodd pabïau eu petalau fel gwaed,
yn mwydo'i nodiadur, eu persawr hud
yn drysu'i synhwyrau. A chyda'r hwyr,
pan orweddai'n ddisymud yng nghôl y pridd,
teimlai friger ei nerfau'n bywiocáu,
ei wythiennau'n ymddatod ac yn erfyn sugn
o wreiddyn ei galon mewn gwanwyn di–ffin.

A'r tirfesurydd? Anghofiodd ei fap
pan glywodd fforestydd yr haenau glo
yn ochneidio yng ngwyntoedd tanddaear y maen.
Gwelodd berffeithrwydd y pryfed mân
yn gaeth fel gemau yn angau'r mwyn.
Roedd y ddaear yn frith gan arian a phlwm
a theimlai fudlosgi wraniwm
ymhell dan fryniau. Ar ddiwedd y dydd
dyrchafodd ei lygaid at y machlud mud
a chanfod tirluniau'r gorllewin rhudd –
ffiordau cymylau, rhanbarthau o aur,
moroedd ysblennydd a phentiroedd cain
yn ymestyn i'r nos fel arian byw.
Syllodd a syllodd, ei galon yn llawn
o hiraeth am dir gogoneddus yr hwyr
ac wylodd fel plentyn pan ddiffoddodd y gwyll
ei weledigaethau, a'i adael fel dyn
yn feidrol ar darren, yn yr awel fain.

Erbyn hyn rwyf yn wraig, a chollais fy nawn
i gonsurio gwallgofrwydd dros gantrefi'r mawn.
Ond yn haf y dieithriaid, rown yn ddigon cryf
i'w gyrru o'r pentref. Bydded clod i'r byd,
i'r gwynt sy'n erydu ein creigiau'n bridd,
i'r cerrig a daflwyd i ledrith y llif,
i wlad ein heneidiau, doethineb y tir.

CYFRIF UN AC UN YN DRI

CEFFYL GWYN

Yn blentyn, deallwn fraint bod yn was
i ferlod; fi oedd tywysog y garafán
o geffylau a arweiniwn drwy'r goedwig laith
at goelcerth y caeau, eu blodau fel mwg
wrth i'r diwrnod fudlosgi. Roedd y ceffyl gwyn
yn ffefryn. Trwy falchder, gan ei fod yn ddi-gwt
fe fynnai gael clymu sgarff hir goch
yn dynn yn ei fonyn ac fe swatiai'r clêr
drwy'r dydd â'i sidan. Tywysai'r lleill
allan i'r caeau wrth i gloc yr haul
roi dwylo i'r ysgall. Dilynai fi'n ôl
i hinsawdd y stabal, lle safem ni'n dau
yn garedig â'n gilydd, ein hanadl pêr
yn dywydd lle ffynnai hapusrwydd pur.

Ond mae'r gwerthfawr yn fregus. Un prynhawn
fe yrrwyd y ceffyl gwyn i'r clawdd
gan fenyw hunanol a fynnai'i weld
yn neidio, ac er rhybudd a siars
i beidio â'i wthio, fe ddrylliwyd ei goes
a'i saethu.

Aeth deugain mlynedd heibio ers hyn
ond chwiliaf o hyd yng ngwair y prynhawn
am fflam ei gynffon. Ni chollir dim,
er ei dorri. Heddiw, mi deimlaf y ceffyl gwyn
yn niwl y bore â'i ystlysau oer,
a'i glywed yn llamu hallt yr ewyn
at bicelli'r creigiau, greadur dilychwin.

I:

DOLENNI

DOLENNI

Cwlwm o gerddi

I

Dyma ddechrau'r Ysgrythur: gŵr mewn perth
a'i gnawd ar ddrain
dolenni, troeon cain
llythrennau aur mynachod; dyma wyrth

dwyfoldeb, dyma alffa dawn
a diwedd gwybod;
dyma ail-greu'r byd
mewn inc ysgarlad a ddaeth o glwyfau dyn

ar groes ysgrifen; dyma ffawd y Gair
mewn drysni geiriau;
dyma Dduw yn ei gau
ei hun mewn brawddeg; dyma friwiau cŵyr

ar groen y memrwn, dyma ben
huodledd – cans yn fras,
mewn gwaed, y mae gramadeg gras
yn llunio'r cymalau yng nghystrawen poen

ac nid angau mo'r bachau ond bywyd ei hun
gan mai cwlwm yw'r enaid
a dolenni rhaid
yw rhai harddaf, pwysicaf, pob addurn.

II

Clywsom am Alecsandria
a'i llyfrgelloedd. Y mae DNA

yn fwy dysgedig. Teflwch lyfrau'r byd.
Mae'r cyfan yn stordy'r asid

lle mae mynachod y celloedd gwaed
yn copïo dynoliaeth ac yn ail-ddweud

chwedloniaeth genynnau, stori llawer mwy
nag y gallasai un person ei byw –

hanes y peithiau, dynion mewn coed,
hanes dwylo ac arfau, hanes tyfu bwyd

ac eglwysi cadeiriol, hanes dysgu am dân
yr atomau a chlywed clebran

y golau â'i hunan. Yr helix yw'n craidd
a'n bywyd – ailadrodd ysgolheigaidd

y cromosomau; ein cyrff yw eu thema
a phob camdreiglo yn gychwyn pla,

diwedd rhyw gyfnod. Y mae'r gadwyn hon
yn drech na gallu gwybodusion

a'r dolenni diderfyn yn dringo'n staer
i adeilad sy'n deyrnged i waith y pensaer

sy'n gweithio heb bapur, sillafu mewn cnawd:
a marw yw testun y traethawd.

III

Chwe blwydd oed ac abwyd yw'r tafod
yn dilyn ysgrifbin ar daith ar hyd 'a'
nes i'r llais ei adnabod, ei yngan a'i fwyta.
Y mae 'g' yn rhes o gynffonnau mwncïod

ar gangen y llinell yn clebran yn braf
â'r llafariaid isod, deiliaid mewn sw
o oglau diddorol. Yn y gaets nesaf
dwy 'o' fel llygaid gwdihŵ

oer a pheryglus, yn gwybod mwy
am ddefod copïo na'r plentyn ei hun.
Dyma gonsurio. Yna'r diwrnod cofiadwy
o ddysgu dolenni, tynnu geiriau'n un

a'u gosod ar ddalen fel cynllun stryd,
pob gair yn breswylfa, a phwysau'r pin
mewn cyflymder newydd yn brysio ar hyd
y ffyrdd, at faestrefi anghynefin . . .

IV

Yn nhirlun yr archifydd
y mae sawl categori o wyrdd:
ffawydden, glaswellt, llawryf,
pob un â'i gysgodion. Y mae'r gaeaf

yn ffurfiol, ond heb weniaith dail;
mae rhew yn oleuni, llewyrch a ddeil
ym monion cysgodion coed ar y ddôl
hyd at wres y prynhawniau.

A oes gramadeg perffeithiach na hyn?
Gwartheg fel geiriau du ar y gwyn
a'r afon yn troelli, ei harian yn gwestiwn
rhwng cromfachau llethrau'r cwm

a dolenni'r adar yn atalnodau
drwy'r cyfan – brain ar y gwifrau
a bachau eu traed yn dynn am sgyrsiau
pellgyrhaeddgar . . . geiriau . . . anadliadau.

V

*(Er cof am Louisa Maud Evans, pedair blwydd ar ddeg,
a fu farw wrth neidio o falŵn dros Fôr Hafren ym 1896)*

Yn fentrus? Oeddwn, a chysidro'r oes
a'r cyfyngiadau ar y math o ias

oedd addas i ferched. Fy mreuddwyd i
oedd codi. Gwisgais ddolenni

cywrain y fasged a'r balŵn
fel gŵn morwynol, ac anadlu i fewn,

yn llawn ysgafnder. Oddi tanaf
trodd tir yn fap a Gwlad yr Haf

yn gynllun. Fi oedd y cwlwm
yn rhaffau'r dynion; fi oedd yr offrwm

i dduw trafnidiaeth, hedyn y ffrwyth
gwyn a byrhoedlog; fi oedd y llwyth

a syrthiodd. Angor yw'r bedd
i'm cadw rhag suddo'n ddyfnach i'r pridd.

Darllenwch y geiriau. Y mae rhwymau dyn
yn fregus, ei addewid fel glaswelltyn.

Fi yw prawf y gosodiad. Ond cefais fraint
y cwymp gorfoleddus – yr ysgyfaint

yn ffrwydro a'r awel fel llafn,
y gwaed fel trydan a minnau'n ysgafn

rhwng y cawell toredig a sicrwydd gwraidd
y fynwent a phwysau'r cyrraedd.

Rapunzel

I'r wrach
mae'r gwallt
yn risiau.
I'r ferch
y mae'r cudynnau
yn gadwyn aur,
yn bwn, yn bwysau angau.

Mae'r tywysog yn gweld
rhinweddau'r ddau:
y ferch yn y tŵr,
a'r tir ar gau
mewn coedwig o ddrychiolaethau.

Rhaid i rywbeth newid.
Pwy a all ryddhau
y ferch o'r tŵr,
y wrach rhag y ferch
a'r tywysog o'i ryfeddodau?

Mae'r siswrn yn llym,
gall dorri drwy
y dryswch dolenni a fu yn iau
i dri chopa walltog
mewn stori hud.
Gwyddant o brofiad,
wedi colli eu byd,
fod torri'r tresi'n fyr yn ddrud
ond eu cadw'n beryg bywyd.

Teulu'r Adar*

Mae pob celwydd yn prynu amser.
Dyma fi'n pwyso ar dalcen y tŷ
yn gwylio'r llafur yn tyfu,
a'm hanwylyd draw yn y bonion aur
yn aros yno i'm caru
os medraf gadw fy nhad at yr haf
a gwarafun ei gynhaeaf.

A sŵn fy nghariad yn cuddio'n y cae
yw siffrwd yr ŷd ac ocheneidiau
tyfu a thrydar adar y gwynt
a gwrando mil o glustiau.

Os prynaf ddiwrnod arall
yn enw'r brain ac adar y to
caf lyncu'i lawnder eto
ac yfed o hedd anwaraidd
sawr ei bridd a si ei haidd
a threchu bwa'r bladur
â'r crëyr glas a'r durtur.

Rhwng nos a neithior mae'r adar yn drydan
a'r cynhaeaf yn magu nerth o'u cân
a'r cnwd yw eu hymddiddan.
Ond methu a wnaf. Fe ddaw fy nhad
a thaenu'r corff toredig a'r had
yn ysgrif o waed ac aur a thân
ym mrawddeg gall ei gryman.

A dyma yw cychwyn chwedl ein tras:
y llafn a'r ddolen eirias.

---

* Yn ôl y chwedl, cafodd Teulu'r Adar ei enw pan syrthiodd merch
  mewn cariad â dyn nad oedd yn dderbyniol gan ei thad. Cuddiodd ef
  mewn cae llafur ar dir y teulu. Pan ddaeth yn amser cynhaeaf enillodd
  amser i gwrdd â'i chariad trwy erfyn ar ei thad i beidio â medi eto, gan
  fod cân yr adar yn yr ŷd yn rhoi cymaint o bleser iddi.

II:
Y DAITH

Y DAITH

Chwe blwydd oed a deëllais dric
olwynion, ar y daith o'r tŷ
at yr ysgol, sylweddolais mai fi

oedd yn llonydd ac nid y stryd
na'r gerddi na'r siopau a ruthrai o'm blaen
wrth i ni deithio'n y siarabang.

Roedd yr olygfa'n symud yn llyfn,
yn ffuglen o newid cyfeiriad, troi.
Heibio'r âi golch ar y lein, y toeau

cyfarwydd ar ongl serth wrth y rhiw.
Gwyddwn fod teithio'n gelwydd i gyd,
gan mai fi oedd bogail olwyn y byd,

brenhines y canol. Fy ngwaith i oedd gweld
beth a ddôi heibio – boed yn dywydd neu'n wlad –
a dysgu derbyn gyda mawrhad

osgordd cymylau a golau pell.
Trois yn drofannau i mi fy hun
wrth i mi foesymgrymu i'r haul

a throi bant gyda'm gaeaf. Nid nad oes gwaith
mewn troi yn yr unfan yn hunan-gytûn.
Bûm ar goll am hydoedd i mi fy hun.

STRIP-TEASE

Wedi cau'r drws ar weddill y parti
a'i gloi – gyda'r cotiau'n ddynion gwag
ar fedd tir neb y gwely
ac udo'u perchnogion i'w glywed o hyd –
trodd y cowboi ati: 'Nawr, fenyw fach,
cawn weld faint fedri di 'fatryd.'

Datododd hi fotymau'i bronnau
a lluchio'r sofrenni'n swnllyd i'r nos;
llithrodd o staes ei hasennau
a diosg ei chroen fel crys o fwg
a edwinodd yn haul ei chalon –
dan noethni daw'n blaned amlwg.

Dilynodd ef gwrs llosg ei machlud
at goedwig ei choesau, lle'r aeth ar goll
am byth ym mhrysurdeb ei hysbryd.
Ond nid cyn troi'n ôl o'r gagendor
i weld yr ystafell lle bu hi'n ferch
a'r cotiau'n ei moli, wedi codi'n gôr!

WEGOMLEGGING*

Heddwas o arwydd, y mae hwn yn air
sy'n troi teithwyr o'u priffyrdd ac yn newid gêr

y gyrwyr sicraf at y strydoedd cefn.
Y mae'n ernes o ymdrech at hewlydd llyfn,

yn brawf o gyfeiriad – pan fo'r ffordd ymlaen
i'w gweld yn ddiystyr ac yn groes i'r graen

ac yn arwain o'r ddinas at y lonydd cul
sy'n gartrefi i eraill. Dim ond cael a chael

yw hi i gyrraedd wedi'r troeon serth
heibio pobl ddigyfarch ystadau dierth

yn chwilio gwareiddiad y golau gwyrdd,
am sicrwydd cyrchfan, a chwmni'r traffyrdd.

Ond mae 'wegomlegging' yn rhan o bob taith.
Mae'n fap i golli hen wybodaeth.

Mae afiechyd yn 'wegom' ac mae ambell ddyn
yn meddu ar 'wegomlegging' fel dawn,

talent ddiarffordd sy'n gwmpawd, yn ffydd
ym mhwrpas a dryswch y lonydd un-ffordd

sy'n gyforiog o ferched. Ac mae'r hanner call
yn deall mor hawdd ydi mynd ar goll,

---

* Ar ôl gweld arwydd ffordd Fflemeg yng Ngwlad Belg.
  Ystyr y gair 'wegomlegging' yw 'dargyfeiriad' neu 'diversion'.

eu brawddegau fel gwifrau rhwng rhesi o dai
a'u geiriau'n trydar fel adar yn ffoi

o flaen cathod cysgodion. Pan fo pawb â'i boen
yn byw o dan gawell ei dywydd ei hun

cyfandir yw'r pafin, ac ar ei hyd
rhed craciau'n afonydd at fôr y stryd

ac at ddelta'r colledion, lle mae gwaith
pob 'wegomlegging' i'w weld ar y traeth:

eilunod yn sownd yn y mwd, fel hen geir;
cregyn cariadon a gweddillion pob gwir

a symudodd fel afon wedi sychu'n hesb;
perthi'n dwyn ffrwythau mor chwerw â chosb

ar ddrain weiren bigog, a chorsydd o ofn
yn suddo'n eu hunain, yn gafnau dwfn

o siom a difaru. Wedyn, llain y môr
yn ochneidio fel traffig o bellter mawr

cyn troi'n ôl ar y cyfan a gorchuddio'r tir
gydag awyr y llanw a chymylau'r dŵr . . .

Bryd hynny y gwelir y teithwyr go iawn
yn marchogaeth y 'wegomlegging' i fewn,

yn betrus i ddechrau, yn nerfus o rym
y cyfnewidiadau'n codi'u stêm

oddi tanynt i ddymchwel pob cychwyn a fu
yn yr hunan bychan. Yna clywir rhu

yr ewyn yn tasgu wrth i'r anghenfil
gyrraedd y delta gyda'i frysio a'i fawl

i dorri'n deilchion ar risiau'r gro
cyn codi'n ei ôl, yn gryfach eto,

i droi at y trefi, a'r marchogion ysblennydd
yn tynnu bwclau disglair y pontydd

yn dynn am eu gwregys, a mwclis y nos
am eu gyddfau'n emau. Ac wrth dynnu'n nes

fe ddônt i adnabod ambell stryd
trwy gyffro'r trawsgyfnewid i gyd

a gweld popeth yn danbaid, gyda'r golch yn yr ardd
fel hwyliau, eu llongau wedi torri'n rhydd,

a thros beithiau'r palmentydd, fe ddônt o ganol
y 'wegomlegging' yn ddieithriaid yn ôl,

yn llawn o'r anwybod sydd yn llygad ei le,
yn ddynion newydd wrth gyrraedd adre.

YN IWERDDON

Gorwedd y beic fel sbectol yn ddall
â llygaid o feillion.

Mae ar yr eithin oglau cnau,
cefnfor o bersawr . . .
coco . . . hufen . . . aur.

Rwy'n llwgu, ond gall crawc y frân
fy mwydo.

Yma rwy'n teimlo'r ddaear yn troi
trwy fapiau'r cymylau, ac mae'r haul
yn tynnu penllanw'r planedau o'm mewn
o ddisgyrchiant y galon.

Dyma beirianwaith oriawr yr haf –
gwenyn y synhwyrau'n mwmian . . .
yr awel fel cath yn erbyn fy nghroen . . .
fforestydd y glaswellt . . . llygaid llawn tân.

CÂN Y
GWNEUTHURWR MAPIAU

Nid gofal cariad sy'n y ddogfen hon
a lunia'n fanwl gywir, fae wrth fae,
arfordir Cymru, dangos tŵr pob llan,
nodi enw pob afon, fel pe bai
gras mewn cywirdeb. Defnyddiais fy ngwaith
i'm hachub rhag harddwch y llethrau llym,
eu dieneidio â symbolau ffaith.
Nid oes hiraeth mewn creigiau – dim ond grym
goroesi'r tywydd a malurio glân
y gro a'r graean at y llaid di-hid.
Rwy'n parhau i lafurio – fel rhyw dduw
heb ddawn maddeuant, yn syrffedu'n lân
ar ailddarlunio'r un hen fan o hyd.
Ers pryd bu prydferthwch yn fodd i fyw?

TRAFNIDIAETH

Anadla'r draffordd wrth fy ymyl fel gŵr,
pob car yn ochenaid. Mae'r ffordd
wedi breuddwydio tirlun y dydd

i gael teithio drwyddo – cafn yn llawn dŵr,
ceffyl i yfed yr awyr o'i fewn.
Yn yr entrychion, ymhell uwch fy mhen,

mae cudyll yn hofran, ei hanner cylch
yn cario rhimyn arian yr haul
a fydd, cyn bo hir, wedi llosgi trwy'r niwl.

Mae'r aderyn fel olwyn yn teithio hewl
gwaed ei ysglyfaeth. Nid cyrraedd mo'r nod
ond byw tan y gwanwyn. Anghofiwch am hyd

y daith. Mae'r llethrau'n lladd
ar briffyrdd yr awyr, lonydd serth
y cudyll, lle mae syrthio'n nerth.

SEA EMPRESS

Melltith ar yr olwynion hyn.
Pwy ddwedodd fod cylch yn well na sgwâr
a phellter yn welliant? O'r awyr

mae peiriant y cerrynt wedi troi y du
yn droellau celfydd, fel lliwio plant
yn paentio dros natur. Ein trafnidiaeth ni

a gnociodd y forfran oddi ar ei chroes
odidog a'i lluchio'n gorff â'r gwylanod swps;
elyrch fel gwymon ac atgof gras

y gwynt yn llysnafedd. Dyma ddeunydd trip
lan i'r gogledd wedi tagu cylch
llamhidydd, 'outing' fach i'r wlad

wedi mogi'r morlo nad yw'n costio dim
i'w ddinistrio. Byddwn yn glir
pwy sydd ar fai am y dinistr hwn.

Neithiwr, breuddwydiais mai fi oedd y llong
a'r olew'n tasgu o'r clwy' yn ddi-baid.
Dymunais farw er mwyn atal y gwaed.

III:
CYLCH AMSER

YR ETIFEDD

Wedi marw fy modryb,
deuthum mewn car
i gyrchu'r hen gloc yn ofalus o'r tŷ.
Roedd y car bach yn llawn
a 'doedd dim amdani
ond tynnu'r pendil cam a'm rhoi i
i orwedd fel corff yn y casyn cain
a thrin fy etifeddiaeth fel arch
yr holl ffordd adref.

        Ar hyd y lôn
plygodd y perthi i ddangos eu parch
at yr ymadawedig. A'r tu fewn
i'r golofn, yn brydlon, fe bydrwn i,
pob eiliad yn dic yn fy mherfedd coeth,
yn cadw amser yn berffaith. Cysgais yn drwm.

Taith ddigon doniol. Ond wedi cyrraedd yn ôl
roedd fy atgyfodiad yn ddigon o farn
a minnau'n teimlo symudiad y plwm
yn fy ymysgaroedd. Dim ond hyn a hyn
mae pob cloc yn cerdded. Rwy'n cyfrif pob cam.

CLOC Y DREF

Y mae'r lleuad hon yn llawn olwynion.
Y mae ei breichiau'n cuddio'i gwedd
â semaffor oriau – cywilydd amser.

Oddi tani, boed hi'n llawn neu'n wan,
mae man cyfarfod i'r cariadon
sy'n clywed cnul bob cwarter awr

mewn twymyn o aros. Yn y lleuad fras
mae peiriant sydd â'i dicio plwm
yn peri gwallgofrwydd ynom,

yn llusgo llanw'r gwaed dros draeth
y rheswm. Ar yr awr, yn brydlon, daw
stŵr bws, ac o'i berfeddion

un annwyl arall, wedi'i thynnu draw
i garu, yn ufudd i anghenion
y lleuad farus, i blaned yr olwynion.

RHODD

'Oriawr yn anrheg? Amser gan fy ngŵr?
Sut allet ti roi breichled aur yn glwyf

mor ddwfn am fy ngarddwrn? Y mae troi
y rhod ddyfeisgar ym mherfeddion hon

yn elyn inni, mae fel ffiws ar fom
a fydd yn chwythu pob cariad rhyngom

yn deilchion ryw ddydd. Na, nid heddi chwaith,
ond er mor gywrain ydyw'r gwaith

ar ddannedd yr olwynion, mae eu taith
yn llyncu'n bywyd, yn ei rwygo'n rhacs

i ebargofiant.' 'Amser *yw* fy rhodd
i ti. Nid ei beirianwaith – y mae'n anodd

gweld gwallt yn gwynnu – ond ei led
a'i ddyfnder, serch â'i gysgodion caled

a'r gwybod am angau. Na, mae cariad dau
fel coelcerth a daw'r eiliadau

ato yn wyfynnod brau
mewn heidiau i edmygu'r golau

cyn i ni farw. Ond, am y tro,
gwisg dy oriawr aur fel O

a chofia ein bod yn gylch, ac yn ei ganol
y gwacter ffrwythlon a fydd ar ein hôl.'

TON

Rhuodd y môr fel traffordd tuag atom.
Gwyliem ailosod llechi llwyd y dŵr
yn doeau diddos, oer fel dur
a ninnau'n sefyll ar linell y prom
ar wahân, yn wrthrychol. Yn sydyn,

estynnodd y llanw fraich mewn ton
a gafael ynom. Gwelais grensian byd
a chwyrnellu nenfwd tywodlyd
yn berwi o gregyn mân a graean
a oedd fel sêr, ac yn olwynion yr anhrefn

collais bob gwybod, ond am chwyrndroi'r
elfennau. Collais fy ngwynt yn hynt y trai
ond canfod nodyn melys hir
cerddoriaeth bur cyfandir.
Llewygais i'r dyfroedd. Ond cael fy nghodi

a'm gosod yn dyner yn ôl ar y tir
gan y penllanw, yn berson newydd sbon
allan o'r tryblith. Ac roedd llamhidyddion
yn dlysau crwm, sillgollau aur
wedi neidio i'm clustiau o ffwrnais y môr!

CYNHAEAF

Dros yr ystod llithrodd y dydd
i gêr parodrwydd.
Y mae'r paill yn llwch
yn llyfrgell y tymor – trwch

ha' nesa' yn y golau mawr.
Ynom mae grawnwin i'w medi. Gwair
y mannau tawel, porfa fras
i orwedd arni ac anghofio brys.

Mae'r afal yn barod i ddisgyn, a phob dim
a fu'n chwerw'n felys ac yn eang drosom,
yr awyr yn rholio ar hyd olwynion
llyfn y silwair, yn ymestyn

fel torch o ddefnydd sydd yn cario llwyth
cymylau mor ofalus – gan fod ffrwyth
cawodydd hawdd eu cleisio yn yr awel
sy'n ymddatrys i'r pellafoedd ag aroglau mêl.

DRESEL

Ar y seld mae'r platiau coeth –
Nantgarw, Abertawe, Spode –
yn teithio trwy'r cenhedloedd.

Dyma gyfoeth cefen gwlad:
modd i bawb gael cymryd te
a theisen fel arglwydde

ar dsieina gwyn mor frou a ffein
nes bod golau'n treiddio'r paentio cain
drwy ruddin soser. Pres yw'r rhain

sy'n prynu pefrio yn y parlwr du.
Prydferthwch sydd fel plisgyn ŵy.
'Gymerwch chi siwgr? Un llwyaid neu ddwy?'

HEN SALWCH

Pan ddaeth i gaer y feirws
gorffwysodd y Forwyn ac wedi hoe
cychwynnodd ar y gwarchae.

Ac o, roedd ei haros yn bwysau mwyn
o newyn yn neuaddau'r gwaed
a fu'n disgwyl ei hymosodiad.

Llonydd, llonydd rhag deffro'r ddraig,
anghenfil yr ymysgaroedd,
treisiwr cyfrwys y celloedd

sy'n bwydo arnom ac yn magu nerth
o'n gwrthwynebiad nes ein bod ni'n llawn
o'n gelyn ac yn byw ei iawn.

Ennill wrth golli ei chyfrinach hi –
nid grym dialedd eiddo hon ond hedd
i droi'r fadfall yn ddiymgeledd

a'i harwain â gwregys llaes yn ddof
o'i lloches yn orielau'r hun
a'i lladd, yn ddim ond mwydyn.

CYFANNU

I

Y Drych

Deëllais yn ifanc am fodolaeth dau fyd
ac yng nghanol fy mhrifio rown yn farus i fod

y tu hwnt i fy hafau ac yng ngerddi'r drych.
Yno, pe gwyddech sut oedd edrych

roedd yr haul yn deilchion wrth droed y ffawydd
a rhyw drymder diamser yn nyfroedd y dydd;

gwahoddai'r cysgodion y gwyliwr i blith
eu byd anorganig, lle disgleiriai'r gwlith

yn ddiemwntau ar fetel y dail.
Chwyswn ac yswn am gael gadael

y goleuni gorysgafn i fod yn rhan
o'r byd y tu hwnt i rimyn arian

y gwydr, lle ni chlywid syrffed y cloc
yn pwnio'r oriau'n ddiwrnodau llac.

Roedd yr ardd yn fwy llachar na'm bywyd fy hun –
man llonydd, man lledrith, man ar wahân,

lloches dirgelion, lle plethai'r dellt
gysgodlen i guddio presenoldeb gwyllt

y prysgwydd a ffroenai'r gwydr main
a'n gwahanai. Ambell brynhawn,

a minnau'n hiraethu'n fwy na'r arfer,
tawelwn a theimlwn am ennyd fer

feddyliau eraill, yn gywreinrwydd i gyd,
wedi cael cip rhyfeddol ar fyd

y tu hwnt i ddryswch afreal y gwrych
ac anadlu dieithr yn cymylu'r drych.

II

Bedydd yn Llanbadarn
1843

Llifai'r Iorddonen
trwy ganol Llanbadarn
y dydd y bedyddiwyd
Margaret Ann.

Wrth i'r dŵr gau amdani
fe glywodd ru
brithyll yn anadlu
a holl bwysau
a hanes y dŵr
yn gyffro
rhyngddi hi a'r pregethwr.
Safai yntau fel cawr,
ei goesau'n bileri
yn y cerrynt du
tra lledai ei phechodau
y tu hwnt ac oddi tani
yn llifeiriant i'w boddi.

Chwifiodd ei chwaer ei pharasól,
ac yng nghrisial y Rheidol
roedd y saint fel blodau ar hyd y lan
a llewod Rhagluniaeth
yn crwydro'n eu plith
ac yn rhuo'u bendith
hyd at Aberystwyth,

a hi a'r gweinidog
yn gwisgo'r dŵr
fel sanau hosanna
ac yn gwylio dau fyd –
un plwyfol, un nefol –
yn dyfod ynghyd,
a'r hetiau'n barod
at Ddydd y Farn
a hithau'r briodferch,
Margaret Ann,
mor llachar â'r heulwen
oedd yn danbaid o dan
goed palmwydd ffrwythlonaf
a chedyrn Llanbadarn.

III

Hanner

Mae gan berson cyflawn bedair coes,
deugain o fysedd (gan gynnwys y traed),
dau ben, dau ymennydd i reoli gwaith
ffatrïoedd y mêr yn labordai'r gwaed
ac mae hiraeth ofnadwy yn llenwi'r rhai
sy'n sengl, ond heb hanner eu henaid.

Priodas yw dinas yr haneri coll
sy'n chwilio ymhlith y ffracsiynau di-ri'
am fathemateg a all asio dau
a'u lluosogi i fod yn dri,
gan ddymchwel holl onglau bod ar wahân
ac ailosod y 'rheiny' yn rhan o'r 'ni'.

Pob clod i gyfanrwydd y bodau llawn
ac aml-lygeidiog sy'n mynd yn hen
wrth gau ar ei gilydd fel llyfrau trwm,
eu cloriau'n cenhedlu clasuron ein llên
a dalennau eu caru fel glöyn byw
yn llosgi mewn cusan, yn llachar mewn gwên.

IV

Dymchwel y Wal

Un bore fe doddodd ceiniog yr haul
dwll yng nghwarel yr awyr.
Gorlifodd y golau o'r ochr draw
gan adael y dynion oedd yn trwsio'r hewl
yn dadlau sut orau i dorri i mewn
i'r ystafell tu hwnt i'r tywydd.

Penodwyd pwyllgor. Erbyn canol dydd
roedd pawb wedi gwisgo i dorri'n rhydd
ac yn sefyll yn barod o flaen eu tai
yn gwylio iâ'r wybren yn toddi mwy
a'r golau'n cynyddu fel anthem.

Gwnaeth gweithwyr swyddfeydd alwadau ffôn
a daeth ysgaffaldwyr i godi tŵr
o ben eu hadeilad a bachu'r twll
â chadwynau a rhaffau, ac fe godwyd bloedd
wrth i'r cracyn agor gan adael gwres
rhyw hinsawdd arall i mewn i'r byd.
Diosgodd y merched eu sgertiau trwm
a gweithio'n eu peisiau, a chwerthin o weld
yr adar lliwgar a hedfanai i mewn
drwy'r ffenestr uwchben y ddinas.

Roedd y twll mwy fel drws erbyn amser te
a sgwâr y ganolfan o dan ei sang
gyda phobl yn canu ac yn rhannu bwyd
ac yn cario bwndeli o ddillad 'rhag ofn'.

Erbyn chwech fe ddanfonwyd y fyddin i mewn
i gadw rheolaeth ond roedd golau'r dydd
yn cryfhau yn lle machlud a grwpiau bach
o gyrchryfelwyr wrthi'n ffrwydro'r wal,
pos lluniau'r gorwel yn disgyn ar chwâl,
a hofrennydd yr heddlu'n hedfan yn chwil
ar y peraroglau o'r tu draw i'r ffin.

Ac o'r diwedd, o hiraeth, fe groesodd un dyn.
Arhosodd am eiliad cyn codi'i fab
yn glir dros y trothwy ac unwyd dwy wlad –
y dydd a'r tywyllwch – a wahanwyd am hir
gan amser. Diflannodd, ond dilynwyd ef
gan ugeiniau a glywsai am gylch yr haf.
Ffurfiwyd cadwynau i basio'r hen,
y claf a'r babanod yn gyflym drwy'r porth.
Dihangodd y milwyr a welodd wyrth
dymchwel y gorwel, gan adael eu ceir,
y drysau ar agor, ar gorneli'r stryd
a'r radio'n eu galw, a'r palmentydd yn wag
ond am sibrwd y sbwriel a'r arian sbâr
fel dail yn y parciau a rhyw ddathlu mawr
i'w glywed o bellter wrth i'r awyr gau
fel llen wedi'i thrwsio neu fel gwella clwy'
a dim sôn am y bobl nac arwydd o ffordd
yr ymfudwyr a ddiflannodd ar drywydd ffydd
i ystafell tu hwnt i'r tywydd.

V

Gweled yn Gyfan

Parchwch y tywyllwch.
Chwiliwch am ddiemwntau'r llwch.
Rhodd Duw i ddyn yw ei fwrllwch.

Fe'm lladdwyd gan foesgarwch
yr iâ a weddnewidiodd y byd
cyn gwyrdroi fy mywyd.

Buom yn sglefrio ac wrth adael y lan
fe'm rhybuddiwyd:
'Os syrthi di o dan yr iâ
anela am y tywyllwch.'
Digwyddodd. Ond fe anelais i
am y goleuni
a boddi.

Gwnaeth stafell ddofn yr afon
fy mywyd yn gyfan.
Ers syrthio i mewn fe fedraf weld
fod popeth a gyfrifwn yn deilchion –
salwch, galaru, eneidiau ar goll –
yn werthfawr, fel gwydr toredig y twll
a'm cipiodd yma, ac mai modd i fyw
yw pob damwain, rhyw fath o ddrws
i mewn i siambrau goleuni'r gras
a lofruddiodd yr hyn oeddwn.

Ond pe bawn yn fwy parod i weled o ran,
byw fyddwn eto.

Yn y du roedd y lan,
y cymylau cyfarwydd, dinasoedd brwnt,
holl amherffeithrwydd caru bod yn ddyn,
fy meiau, fy nghartref.

Gwrandewch nawr ar un sydd ar ddi-hun
yn dragywydd ac yn hiraethu am gwsg
dallineb a hen wendidau'r hun:

Parchwch y tywyllwch.
Casglwch ddiemwntau'r llwch.
Diolchwch i Dduw am eich mwrllwch
a byddwch fyw.

VI

Ffosiliau

Edrychwch ar afon y garreg,
tywodfaen a dreuliodd mor denau â dŵr,
hen orwel sydd wrthi'n agor.

Mor fain yw'r haen rhwng yr oesau!
Mae traed y mosgito i'w gweld yn glir
a manwl ar wyneb y garreg glai

a dyma aderyn a hedfanodd yn ddall
ac a ddrylliwyd ar ffenestr o lechi
yn wallgo am amser arall.

Mae'r cynfyd yn pwyso'n drwm yn y graig
a chorynnod a chwilod y fforestydd glo
a mwswg y marmor yn chwilio am rwyg

yn yr arwahanrwydd sy'n eu dal fel llen
yn gaeth yn y peithiau o redyn
a syrthiodd fel barrug ar eu hwybren.

Y rhain yw palmentydd ein hawyr:
y pysgod Jwrasig yn nofio fel sêr
a'r canrifoedd a syrthiodd yn dawel fel tir

ar ein pennau. Cymerwch anadl ddofn
ac fe blymiwn i fyny drwy'r graig fydd fel dŵr
a'r degawdau'n ein gwisgo â'u cerrynt llyfn

wrth i ni ruthro i weld yn fwy llawn
nes cyrraedd y corsydd cyntefig a gweld
plesiosaurus yn pydru'n y mawn.

VII

Yr Icon

Nid dyn yw hwn ond anian,
un a wobrwywyd am weled o ran
â'r ddawn o deimlo'n gyfan.

Disgynnodd ei gorff i'w le:
treiglodd cwestiynau'n risie
i arwain amheuon adre.

Mae palmwydden ei drwyn a'i dalcen
wedi ei gwreiddio yn naear sen
ond yn dwyn ffrwythau'r awen.

Gorffwys ei ddwylo mewn gweddi;
bu farw i mewn i'r egni
sy'n symud ei enaid i foli

yng ngwyddor tragwyddoldeb –
wyneb dyn ynddo'i hun yn neb
yn batrwm o sirioldeb.

Drws yw ei gorff sydd yn agor
wrth deimlo presenoldeb Iôr,
rhoddwr y digon a'r rhagor,

sy'n siarad gramadeg rhinweddau
ym mywyd toredig ei seintiau
a miwsig angheuol eu nerfau.

Mae ei lygaid mor bell â'r lloer
a'r geg yn flodyn heb wlith ei boer,
y byd yn ddim ond diffeithwch oer

i'r sant sydd wedi ei fywiocáu
mewn hinsawdd sydd â'i golau
yn barnu'r gorau ac yn caru'r gau

nes troi dyn oedd yn ddim ond anian
yn un a adawodd ei weled o ran
i wybod, dioddef y cyfan.

MELODÏAU

I

Cân y Gofotwr

Uwch fy mhen mae'r ddaear hael fel bron
a minnau'n faban yng nghadachau fy siwt,
fy helmed fel llygad a'r blaned fraith
yn llenwi f'enaid; gwythïen afon
yn loyw drwy'r tywydd, delta fel clais
o ffrwythlondeb ac yna afagddu absoliwt
gweddill y gofod, heb ddim ond eich llais
i'm cynnal â'ch gorchmynion cwrtais.

Mae popeth yn newid. Rwy'n derbyn gwawr
bob awr a hanner ac yn gweld y byd
â phellter cerddor – yr wybrennau cudd
yn symud planedau fel perfedd oriawr,
golau'n treiglo'n gyseinedd rhudd
a marw'r diwrnodau, a thôn gynhenid
bydoedd yn siarad am harddwch eu rhawd
yng ngherddoriaeth cylchdroi'r bydysawd.

Buom yn famau oll i'n gilydd – trodd y loes
o eni'n ddawn i fedru marw'n dda;
llithrodd diffyg cariad yn heuldro haf
o ongl arall, a phob tynnu'n groes
yn fflach seryddiaeth newydd, cytgord lleddf
cyn ailadnabod yr alaw hynaf –
priodas bydoedd yng nghyfresi'r sêr,
anthem dawns osgeiddig amser.

Nid dyna'r cyfan. Bu rhai'n darlledu
straeon i'r düwch nes bod murmur y rhain
fel tarth am y blaned, yn clebran dros dôn
sylfaenol y symud – baldordd teledu,
newyddion, helbulon, hysbysebion
am bopeth ond symlrwydd y troelli cain –
ac eira'r parablu'n statig ar sgrîn
fy nghorff, yn boddi'r nodau cyfrin.

Yr Angladd
Er cof am Hugh Williams (1952-94)

Peth anodd yw claddu bywyd dyn,
yn enwedig ei alaw. Mae'n cymryd torf
mewn du yn osgordd, o leiaf un

gweinidog, emynau a blodau gwyn
i sgrechian apocalyps o baill
o betalau cŵyr eu hutgyrn.

Wrth gwrs, ym mhennill pren yr arch
mae holl ystyr ein canu; ac er ei fod
yn dawel ymhlith yr areithiau parch

mae'r deyrnged yn ddesgant i'r ffordd y bu byw
i fesurau caeth ei salwch hir,
i'w grefft a'i amynedd gloyw.

Ein cofio yw gwrthbwynt y nodyn dwfn
a seiniodd â'i chwerthin, ei barodrwydd llwyr
i fyw heb sŵn anghytgord ofn.

O, mae cariad yn newid popeth – y mae'n bur,
yn anhunanol ac yn canu'r gân
berffeithiaf ag anadliadau hir

trugaredd; gan mor syml yw'r dôn
fe all pawb ei dynwared, ei chofio'n glir
a byw i'w hamserau, nes bod cywair llawn

yr harmoni sy'n fwy nag un gŵr
yn tynnu'r cannoedd a'i carodd yn gôr
i ganmol cantata'i fwg uwch y tŵr.

III

Yr Alaw

Anaml y'i clywir cyn y terfyn
ond fe'i teimlais y bore o'r blaen yn yr ardd
pan drodd y llwydrew'r berllan yn wyn,

y coed fel deltas du a chân
y fwyalchen mor ddiffrwyth â cherrig.
Roedd y golch wedi rhewi'n dafodau tân

yn cusanu'r oerfel ac, fel y symudwn,
gafaelem mewn gwreichion, ein hanadl gwyn
yn gymylau prysur fel swigod cartŵn

ond yn wag o eiriau. Gweithiwn yn ddistaw,
fel pe bai'r caddug wedi diffodd y byd
a phopeth am ennyd, ond am yr alaw

sy'n rhuddin ein bywyd, cyweirnod llwm –
heb liw, heb wres, heb rodres haul –
y dôn sy'n ffynnon ynom,

nid hawdd ei llygru, mesur glân
pob peth sy'n werthfawr. Er gorchuddio'r byd
â mwrllwch, mae gorfoledd hon

yn ŵyl i'w dathlu, yn gyhydnos ha'
yng nghanol gaea'. Tyrd yma 'nghariad,
paid â gofyn pam, tyrd yma . . .

Taith gyda Tosca

Cychwyn mewn düwch. Tanio injan y car
i agorawd cerddorfa, a golau gwyrdd
y chwaraewr casetiau'n glais ar fy moch,
yn llewyrch o'r brif lwyfan.

Canodd y tenor am harmoni
dau gariad yn asio drwy'r Cymoedd du,
heibio'r ffatrïoedd a'r capeli llaith,
pan oedd Tosca'n ei hanterth. Cynhesodd ei llais
dros y Bannau a'm cario i chwedeg milltir yr awr,
heibio'r cronfeydd a'r cadnoaid cudd,
a had madarch yn y meysydd.

Gyrrwn mewn twnnel o olau aur,
y llinell doredig fel cotwm gwyn,
a'r car yn llyncu edafedd y ffordd.
A fi oedd llygad y nodwydd.

Dros doeau Llanelwedd gollyngodd Scarpia
hebog cenfigen Tosca'n rhydd,
y blys yn ei ganu'n cyflymu'r car
nes bod y teiars yn gwichian a'r berth
yn ymgrymu'n daeogaidd o flaen ei rym
a ffieidd-dra'i gynllun.

Anghofiais am fapiau a dilyn ei lais
a godai'n hewl i'r ucheldir.

Dringo Pumlumon, y cribau fel côr
yn canu offeren i'w enaid coll
wrth i'r awyr oleuo uwchben y bwlch.
Newid gêr wrth glywed yr aria fawr,
a gweld ei lofruddiaeth yn lliwiau'r wawr,
y thema fel cyllell a ffawd y tri
o'm blaen yn y tirwedd wrth i'r llethrau llwyd
ddatblygu fel ffilm o dywyllwch y nos –
ac mae pellter i'w weld nawr, a pheryg a lliw,
wrth i'r golau ddeall y stori, cryfhau
fel torf ddialgar. Ond mae gobaith y ddau
yn tyfu, yn gwawrio'n heulwen lawn
sy'n rhoi dyfnder i'r cymoedd ac yn llenwi'r ffridd
â dyfroedd digyfaddawd y dydd.

Crac marwol – codi haid o frain
a phanorama diwedd y dôn
i'w weld mewn manylder, a galarnad y ferch
yn ffordd i mi deithio, yn alaw o'm blaen
drwy'r tirlun, yn arian fel metel afon
a phabell lac yr awyr dros y cyfan
yn anadlu i fewn, anadlu allan.

V

Adar

O enau'r rhai ehedog,
o'r durtur mwyn i'r hebog,
mae tonau'n tasgu – dyma'u gwaith:

taenu geiriau'u bath fel had
a'u tyfu'n berth o sŵn a cherdd,
tiriogaeth â ffin o angerdd,

cartref cymesur â chryfder llais,
tir anrhamantus yr un dôn gron.
Nid tincial tiwn ond bygwth trais

mae cân gylfinir a dryw'r helyg.
Anghofiwch 'delyneg' y robin goch,
mae melodi hwn ar bicell pig

a honno'n finiog. Nid athronydd
mo'r drudwy ond godinebwr gwyllt.
Ac mae'r fronfraith yn llofrudd.

Mewn Clwb Nos

Safai fel piler o olau ym mwg
   y bar a chanu . . . Canodd nos yn ddydd
a gollwng ei lais fel barcud lliw
   nes bod y gynffon ystwyth ar goll
yng ngwynt chwareus yr alaw . . . Cywair yn uwch
   ac mae hithau'n fuezzin yn galw mewn tŵr,
yn tynnu'r haul at ddwyrain ei llais
   i'w addoli, a'r ddinas goeth wrth ei thraed
fel machlud – mwmian ffyddloniaid
   yn wenyn i'w henaid . . . Yna naid
at dirlun cyntefig, bloedd wrth y bedd
   am golled rhy chwerw i'w dioddef,
a hithau'n galw'r meirw'n eu hôl
   a'r rheiny'n ymateb, ond wedi eu newid
gan unigrwydd gwyn y gweryd,
   yn chwennych blas o'i bywyd . . .
Symudiad olaf: fe saif hi yn llif
   y traffig yn chwarae â llinyn ei llais
fel pysgotwr, gwialen ei chanu'n fellt
   dros y dyfroedd. Y mae arnom ni newyn
am abwyd ei chanu, sydd yn bluen,
   gwybedyn yn cuddio metel bachyn
ei phwrpas. Ni yw ei heog aur.
   Ni yw ei dyhead. Wedi llyncu'i phry'
ofer yw chwilio am bwll llawn chwyn
   i guddio ynddo, y mae gwifren y gân
wedi gafael ynom, ac yn ein tynnu 'mlaen
   i fyny'r afon nes bod ein dianc gwyllt
yn drobwll a thant marwol y felodi
   yn ein rhwygo i'r aer, yn ein boddi.

VII

Melodiau

Yr olygfa olaf. Dônt ar draws fy nghar
   mewn lôn dwyllodrus, wedi torri cwys
o rwber llosg a mwd oddi ar y ffordd.
   Fe fydd yr olwynion yn dal i droi. Ar bwys,

fy nghorff fel llythyren fras, yn fud,
   afon o olew'n llifo fel gwaed
heibio fy nhalcen. Mae'r golau cam
   yn dangos cymylau praidd o ddefaid

sy'n dal i bori. A thros y cyfan –
   clician y metel poeth a'r mwg –
fe fydd y radio'n parhau i chwarae
   a daw gwyfynnod lleisiau

i ganu'u bendithion mewn gwerin a jazz,
   gosbel, clasurol, ag offerynnau
pres, llinynnau. Y mae eu clod
   yn fwy ffurfiol, hirhoedlog nag angau.

Y
LLOFRUDD
IAITH

Ffeil Heddlu

CYFFES Y BARDD

"Fi lofruddiodd yr iaith Gymraeg.
Rwy'n siŵr o hynny.
Methais yngan yr hyn roedd ei angen arni.

Dweud dim digon yn llawer rhy hwyr
a nawr – tawelwch. Arestiwch fi
am ddiofalwch. Methais yn lân â'i pherswadio hi

i aros, bod gwerth mewn goroesi.
Fe fu'n ddynes anodd. Ond roedd angen hon.
Dyma fy mhasport. Mwrdrais fy mam."

NODIADAU
DITECTIF CARMA

Galwad nos Sul. *Preswylfa*. Y corff
ar ei hyd ar y grisiau, cyllell i'w gweld
yng nghefn yr hen fenyw. Blaenor,
gwraig barchus, yn ei dillad nos.
Dwy ferch o dan deimlad – archifydd, bardd.
Tŷ fel pin – oglau polish, ôl glanhau
ar y Saboth, gwynt Dettol – a llyfrau
ym mhobman. A oedd rhywbeth yn eisiau?
Arian? Ei thlysau? Amhosibl dweud
ai disgyn neu esgyn roedd y wraig
cyn cael ei thrywanu. Doedd dim digon o waed.

LLUNIAU FFORENSICS

Mae pob corff yn gyhoeddus. *Fflach*. Fel sêr
pop neu'r sinema. *Fflach*. Ffan yw'r crwner,

fflach, y patholegydd sydd am wybod pob dim
am y diwrnod olaf. *Fflach*. Pa bwdin

a lyncodd. *Fflach*. A oedd dyn
yn ei bywyd? *Fflach*. Mae pob manylyn

yn bwysig. Ac mae lipstic o waed
am wefusau'r clwyf ond mae'n gwrthod dweud

beth a ddigwyddodd. *Fflach*. Hyd y cefn
cleisiau fel stormydd, pob un ar ffurf carn.

Fflach, fflach. Sylw arbennig tuag at y geg
â'i thafod chwyddedig. *Fflach*. Fforenseg

yn cusanu'i modrwy ond yn gwrthod y llaw
sy'n dal cudyn o wallt a dirgelwch baw.

DAN ANADL
YR ARCHIFYDD

"Welwch chi'r gyllell,
ysgrifbin du
ym memrwn ei chefn hi?
Geiriadur iaith goll.

Y mae ei chorff
wedi colli'r byd
a roddodd ystyr
i'w henwau.

Y brif ferf
oedd ei chalon,
y cymalau llai
ansoddeiriau'r nerfau.

Ydi hi'n gwrando?
A fydd hi'n haws
fel celain nag roedd hi
pan oedd hi'n fyw?

Fy nyletswydd barhaol, o fewn ei chlyw,
yw nodi idiomau. Trengi. Trigo.
Geiriau diddorol
am farw. Jiw, jiw."

CV DITECTIF CARMA

(ganed 1953)

Mam o Fae Colwyn, tad o Japan.
Astudiodd Grefyddeg, Drama, Cymraeg
yn y coleg. Cyfnod fel mynach
yn ymarfer Zen
yn Kyoto. Y mae Carma'n ddrws
o un eiliad i'r nesaf.
Y mae ganddo'r ddawn
i edrych ar bethau o'r tu mewn
'run pryd â'r tu allan.

Beth yw cnawd ar berson
ond math o bridd?
Beth yw'r tywydd
ond iechyd tu fas?
Beth yw'r corff
ond math o gymdeithas?

Mae ei ddauwelediad
yn belydr X
yr ysbryd.
Mae e'n teimlo celwydd
ac yn ffroeni twyll,
yn chwarae geiriau
fel gwyddbwyll.
Du yw'r gwir,
gwyn yw'r gorffwyll.

CYCHWYN YR YMCHWILIAD

Drannoeth. Ymweliad liw golau dydd.
Mae llyfr yn eisiau, meddai'r bardd.
Casgliad prin o gableddau, o idiomau
gwlad, diarhebion, melltithion. Dyma *Lyfr Rhudd
y Tywydd* (degfed ganrif), llawysgrif brin
a ddylai fod mewn llyfrgell. Mwy na hyn
roedd ynddi dractatus am sut i fyw
yn y foment, heb eiriau. Yr oedd hwn yn fom
mewn memrwn. Roedd yr archifydd
ar fin ei gopïo i'w roi yn y wasg.
Byddai'n destun dadleuol. Disgrifiad? Clawr
cerdyn dirodres ond, y tu mewn,
dalennau o awyr ag ysgrifen o sawr
mawn a melyster. Tu allan ji-binc
yn pedoli munudau'r bore â'i dinc
metalaidd. A oedd ganddi elynion?
Sŵn llestri'n dryllio o gyfeiriad y sinc.

ALBWM Y TEULU

Dwy chwaer â'u teganau.
Yr un yw'r wên
ond o dan yr wynebau
mae dau fath o graig:
calch, a gwenithfaen.
Mae gan un
glogwyni
a'r llall ogofâu,
ac afon ddofn – beryglus –
yn torri cwys
trwy'r galon oer a'i siambrau.

Camgymeriad, mae'n siŵr.
Cae hollol gyffredin
a dim yw dim
i'w weld yn digwydd.
Ond am y staen
lle symudodd rhywbeth
ar waelod y llain.

Llun adeg rhyfel,
merch ifanc â'i chefn
mewn pistyll yn rhywle.
Mae'n chwerthin trwy'r glaw
sy'n olau dros fronnau,
diamwntau'r dŵr
yn addurno'i chluniau.
Mae rhaeadrau'r cnawd
yn byddaru'r gwyliwr.
Mae un peth yn siŵr:
roedd y ffotograffydd
yn fwy na brawd
ond yn llai na gŵr.

CYFWELIAD Â'R BARDD

"O edrych yn ôl, rwy'n beio'r cyfieithu.
Dechreuais yn un naw saith deg tri
ar iard yr ysgol. Dim ond tipyn o sbri
oedd e i ddechrau – ambell reg
am y wefr – *fuck off* – a hoffais deimlo mwg
ail iaith yng nghefn fy llwnc a brath
chwerw ei gemeg. Symudais ymlaen
at frawddegau cyfan y tu ôl i'r sied
ac yn sydyn roedd gwersi am Ddewi Sant
yn llai na diddorol. Dechreuais ar brint,
darllen Jeeves & Wooster, straeon James Bond
wedi eu cuddio mewn cloriau Cymraeg.
Gweithiodd hyn am beth amser, nes i Mam
ddarganfod Dick Francis tu fewn i'r *Bardd Cwsg*
un nos ar ôl capel. Fe ges i stŵr
anhygoel a chrasfa. Roedd hithau'n wraig bur:
un iaith am oes. Ond roedd e'n rhy hwyr
i fi erbyn hynny. Symudais ymlaen
at Ffrangeg a ffroeni geiriau Simenon
a Flaubert. Rown i'n darllen mwy
i gael yr un effaith nawr, a rhwng pob pryd
yn traflyncu geirfa rhag bod yn chwys drabŵ
yn y dosbarth. Un noswaith mi gefais lond bola o ofn.
Ar ôl darllen llawer gormod o Proust
llewygais. Es yn ôl at y Gymraeg
yn unig am dipyn. Ond roedd fel uwd
dihalen ar ôl siwgr blas
fy nanteithion tramor. Cyn bo hir
rown i'n ôl yn cyfieithu ond nid oedd tair
yn ddigon o ieithoedd. Trois at yr Almaeneg
a Rilke, gan fod y swn 'ch'

yn gyfarwydd eisoes. Y mae rhyw
yn rhan o'r broblem i ffetisydd iaith
fel fi. Byddai umlaut yn codi chwys
arnaf am oriau. Y mae angen dyn
amlieithog arnaf, ond mae'r rheiny'n brin
yn yr ardal. Yn briod. Pe buaswn i
wedi 'nghadw fy hun yn lân a'm chwaeth
yn fwy syml, byddai'r Gymraeg
yn fyw heddi . . .

        Ditectif. Rych chi'n dod o Japan,
ynganwch air neu ddau yn fy nghlust
i roi rhyw syniad. Plîs, Ditectif. Rwy'n begian . . ."

CLECS

"Wrth gwrs, y bardd oedd ei ffefryn, er mai'r llall
a wnâi bopeth drosti. Brechdan ham,
Ditectif?" Cymydog llawn ffýs
a melysion. "Pice ar y maen?
Nid fi ddywedodd . . . ond fe fuodd sôn
am y bardd a dyn priod. Fe glywes i stŵr
ofnadwy nos Sadwrn, a gweiddi mawr
am rywbeth neu'i gilydd. Gymerwch chi jam
ar y bara 'na? Sai'n dweud dim,
ond yr un fach dawel fu'n glanhau
a choginio popeth ar gyfer ei mam –
roedd ei hiechyd mor fregus . . . Tra oedd y llall
yn galifanto . . . Ac mae gofid, Ditectif, yn gallu lladd
mor sicr â chyllell. Beth oedd eich barn
am yr ham 'na? Wyddoch chi mai 'mrawd
yw'r cigydd lleol? Rhyngoch chi a fi a'r wal
fe fuodd e'n caru flynyddoedd yn ôl
gyda'r hen fenyw. Ond, dyna ni,
mae rhai pobl yn meddwl eu bod yn well
na'i gilydd, ac aeth popeth o chwith . . ."
Llyncodd ei chwerwder gyda'r bara brith.

Y TIRWEDD EUOG

Mae gardd yn wareiddiad. O gwmpas y tŷ
mae llwybrau a llwyni, yna erwau o dir
yr ymadawedig. Mewn un cae
gyr o wartheg, llethrau'n codi at waun
sydd heb fyrdwn ffrwythlondeb. Ac ar y brig
un ffigwr unig yn mynd â gwair
at ei ddefaid. Yn sydyn, y tu draw i'r gwrych,
sŵn carnau ceffyl yn taro'r pridd,
yn guriad calon a dorrodd yn rhydd
o'r corff a'i carcharai. Y mae'r praidd
fel banc o gymylau, a llygaid oer
yn fy ngwylio'n fygythiol o ddrycin y ffridd.

DWYIEITHRWYDD
CARMA

Dwy iaith
ac y mae un yn haul
i mi, a'r llall yn lleuad.

Pan lefaraf y naill
mae cadno'n cyfarth
mewn cysgodion,
dail yn disgyn
dros adfeilion.

Rwy'n siarad y llall
ac rwy'n clywed hewl
lydan i'r ddinas,
gweld lorïau'n hau halen
ar hyd llinell wen.

Mae'r naill yn gefnwlad
i strydoedd y llall.

Ond daw diffyg i'r haul,
a bydd y lloer
yn machlud bob bore.

Gwaith iaith yw marw.
Yna beth a ddaw
ohonom mewn tawelwch?
Heb ddau oleuni,
pa synnwyr fydd yn y tywyllwch?

CYMYDOG

Lan ar yr hafod, yn edrych i lawr
ar y machlud a'r pentre. Mae cysgod ysgall
wedi ymestyn hyd hanner cae.

Sŵn chwiban a defaid fel afon wen
yn rhaeadru drwy'r giatiau, yn ddyfroedd byw.
Beth yw perthyn ond perthi sydd yn cau

dieithriaid allan? Mae'r dof yn werthfawr.
Stoc y tu mewn, a'r diwerth gwyllt
mas ar y gweunydd. Dyw cymuned glòs

ddim yn cynnwys pob enaid. "Gwyliwch chi,"
meddai'r ffarmwr wrth gau'r glwyd yn glep,
"mae'n beryg bywyd ar eich pen eich hun

ar y mynydd. Mae'r bwystfil . . ." Ar ba ochr o'r clawdd
y mae ef? Osgo cyfarwydd. Mae'n galw ar ei gi
a rhegi. Ar ba ochr i'r gwrych rydw i?

TORIADAU
PAPUR NEWYDDION

BWYSTFIL Y BRYNIAU!
Llun dafad, ei llwnc wedi'i rwygo'n rhacs,
yn ysglyfaeth i rywbeth.

"BWCI BO DYCHMYGOL,"
meddai'r cigydd o'i siop.
"Creadur eich ofnau,"
meddai'n hyderus wrth hollti *chops*.

CYFARFOD CYHOEDDUS!
Gwelodd rhywun gath
wrth ymyl yr ysgol.

HELFA YW'R ATEB
i wynebu grym
y dieithrwch lleol.

Traciwr llym
yn lletya'n y dafarn
ond yn addo dim.

ADRODDIAD Y PATHOLEGYDD

Y Ffeithiau
Disgrifiad
Benyw, pum troedfedd, mewn gwth o oed.
Digon iach, serch hynny. Ei dannedd ei hun.

Briwiau
Bu mewn damwain, fel pe bai criw
wedi ei damsgen yn wyllt o dan draed.
Mwd yn y clwyfau, sy'n ddu gan laid.

Roedd ei gwaed yn wenwynig:
olion mogadon a digitalis.
Dim digon i ladd
ond byddai'n ddifywyd
ac yn teimlo fel claf.

Trywaniad â chyllell. Ond nid digon dwfn
i fod yn angheuol. Mae'r diffyg gwaed
yn awgrymu mai trawma ar gelain oedd hwn.

Dadansoddiad
Dioddefodd y gwrthrych o leiaf dair
ffordd o drengi. Fel arfer mae dwy
yn ddigon i berswadio corff
i aros yn farw. Anodd coelio nerth
ewyllys hon a'r hunan-werth
a'i cadwodd yn fyw. Sut mae lladd iaith?
A oes ganddi gorff
a all garu, cenhedlu, dewis peidio â bod?

QED
Fy nghasgliad, Carma, yw fod y dystiolaeth
yn amwys. Dewiswch chi'r achos.
Amgaeaf, fel arfer, y dystysgrif farwolaeth.

DECHRAU'R ANGHOFIO

Heddiw trodd y sigl-di-gwt
yn *wagtail*.
Gwyliais yn ofalus
wrth i wasg y nant
symud papurau newyddion y dydd
i lawr o'r mynyddoedd
i'w rhwygo'n rhacs
ym mheiriant y pentref.

Ni hidiai'r *wagtail* –
roedd yn hunan-gytûn
fel o'r blaen
ac yn moesymgrymu'n ddwfn
i'r golau a'r cerrig.
Doedd e ddim i'w weld
yn aderyn mwy chwim
er bod ganddo lai
o gytseiniaid i'w cario.

Gwichiodd *swallows* Sir Aberteifi
uwch fy mhen,
eu hadenydd fel corcsgriw,
yn agor gwin
rhywiol y noswaith.
Mae eu cri
yn rhan annatod
o'm henaid i,
sŵn eu hoen
yn ddyfnach nag ieithwedd,
neu ddistawrwydd, neu boen.

BARDD YN PYSGOTA

Roedd hi'n ymarfer pysgota plu
ar hewl y mynydd. Un – dau – tri.
Chwip nôl â'i harddwrn, yna taflu'r lein
am garreg arbennig ar wyneb dŵr
y tarmacadam. "Dyw hi ddim yn hawdd
byw mewn lle bach pan fo arnoch chi
chwantau anferthol." Chwip gyda'r llinell
ac mae'n llwyddo i ddal mellt
ac ystlumod. "I mi, Ditectif, dechreuodd y drwg
yn yr ysgol. Roedd yna deulu dwad
a'r ferch heb ddysgu siarad Cymraeg."
Roedd hi'n taflu'n bellach nawr, am y clawdd,
ac yn ôl i'r gorffennol. "Rown i'n chwarae gêm
ac yn sydyn fe ddechreuodd y ferch
fy nhagu. Edrychais ar garrai'i hesgidiau hi
wrth i mi farw. Aeth y byd yn bell
ond clywn gefnforoedd y tu mewn i'm pen
cyn y llewygu. Gwisgais gleisiau ôl ei bodiau
yn addurn am dridiau. Maen nhw'n dal i losgi."
Chwibanodd y lein wrth iddi gyrraedd y glwyd,
yna'r cae y tu hwnt. Yn sydyn, daeth cri
cwningen yn sgrechian. Â'r wialen yn grwm
teimlodd fachyn yn sownd yn ei chalon.

CYMORTH GAN HEN FFRIND

Adran y Llawysgrifau
Y Llyfrgell Genedlaethol
Aberystwyth

Annwyl Carma

Sut wyt ti ers talwm? Parthed dy gais
am lawysgrif y Tywydd – y *Llyfr Rhudd* –
es drwy'r Mynegai ond does dim sôn
am y testun yma. A wyt ti'n siŵr?
Mae gan Iolo gyfeiriad sydd yn canu cloch
am chwedl ieithyddol, rhyw fath o jôc,
rwy'n ei gymryd, am lecsicon ieithoedd coll
sydd yn adrodd hanes am lawysgrif fel hon
yn ymddangos cyn tranc terfynol iaith
fel rhan o'i marw. Digwyddodd ym 1891
i iaith yn yr Alpau – ni ddaethpwyd byth
ar draws y ddogfen, ond mae gennym dyst
reit ddibynadwy. Ac, i fynd yn ôl,
iaith Ferber ganrif ynghynt, patois Indiaidd,
a chyn hynny, llwyth o ieithoedd Moslem,
wedi troi eu cefnau ar dafodau dyn
i fflachio mewn adar, ar bicellau drain,
ac i ymddwyn fel golau. Carma, mi wn
am rôl distawrwydd yn dy grefydd Zen
ond mae hyn yn chwerthinllyd. Dadlau bod iaith
wedi 'madael o'i gwirfodd, yn barod i fynd!
Hwyl am y tro. Cofion gorau, dy ffrind.

TYSTIOLAETH YR ARCHIFYDD

"Merch y manylion fues i erioed.
Cywirdeb ieithyddol, ac idiomau pur.
Fi oedd curadur gorau fy mam,
amddiffynnydd treigliadau fel rhan o'r gwir

am y byd o'n cwmpas. Y drwg yn y caws
yw cymdeithas fodern. Rwy'n ymladd brad
amser ag awydd cofnodi byw
mewn ffordd na all newid. Penderfyniad

anodd? Na, ddim o gysidro fy chwaer
anfoesol. Egwyddorion, Ditectif. Gall asgwrn cefn
warchod mwy na geiriau. Ewyllys fel dur
sydd ei angen arnom. Traddodiad a threfn."

DEFOD

Ar fy nghwrcwd, rwy'n gwisgo hollt y drws
fel mwgwd lleidr. Heb yngan gair
mae'r bardd yn matryd, yn ei gosod ei hun
yn noeth, fel ysglyfaeth, ar allor oer
slabyn y cigydd. Y mae dur
ei gyllell fel mellt, ac mae mwclis o iau
yn addurno'i gwddf. Cyn pen dim
mae'r offeiriad yn ôl ac yn gosod rhwyd
o'r cig eidion teneuaf fel haen o lés
ar hyd ei chluniau. Yna carrai o waed
creadur arall ar hyd ei thraed,
yn sandalau ysgarlad. Sut y daeth
merch hynaf yr iaith i chwarae â phoen
anifeiliaid fel addurn, fel pe bai trais
yn gallu troi'n gariad wrth wisgo'r tu mewn
yn llythrennol tu allan? Mae'n gorwedd yn llaes
ag amynedd geisha, tra bo gwregys poeth
o ymysgaroedd yn cadwyno bogail a chlun
at ei hystlysau. Defod ddiangau, ond mae llafn
wrth ei llwnc hi. Ac rwy'n siŵr iddi 'ngweld
yn ei gwylio, ei llygaid ar agor led y pen
wrth i'r cigydd loddesta ar farmor ei chefn.

EWYLLYS YR IAITH

Gadawaf fy eiddo i gyd i'm dwy ferch –
fy nghartref, fy nhlysau, fy llyfrau – pob dim
ar yr amod fod ganddynt wŷr a phlant
i siarad eu mamiaith. Os methant wneud hyn
rwyf yn eu diarddel.

          Gadawaf fy nhir
i'm mab, fy nghyfrinach. Blentyn y berth,
rhoddaf gloddiau i ti, glaswellt a dŵr
fel y gall geiriau bori ar gig
a'r cig ar y borfa, glesni ar bridd
a'i bryfetach syml. Yn y gadwyn fwyd
iaith ydyw'r boda ac mae'n rhaid cael cnawd
ac anadlu ifanc os yw'r heliwr am fyw.

Gadawaf fy nghalon i'r cigydd, tad
fy mhlentyn gordderch. Gweddill fy nghorff
i wyddoniaeth. Yna taenwch fy llwch
ar y mynydd gyda'm gelyn, tawelwch.

YN YR AWYR AGORED

"Mae'n bryd i ni siarad." "Dere! Twei! Twei!"
Mae'r ffarmwr yn galw ar y gyr,
yn diflannu i'w ganol, sŵn carnau ar fwd,
y gwartheg o'n hamgylch, eu hanadl mwy
yn llaethog o helaeth. "Ble'r oeddech chi
ar fore'r llofruddiaeth?" Dim ateb ond "Cer!"
a'r fuches yn symud fel ffilm du a gwyn
ar gefndir amryliw. Y mae pob un
yn gwisgo cudyn o wallt ar gopa ei phen
mewn ffasiwn wahanol. "Dere di! Wow!"
Y ffarmwr yn plymio i dynnu teth
mewn cerrynt o gefnau. "A wyddech chi
mai hi oedd eich mam chi?" Tawelwch. Da'n
tynnu'n agosach, tafodau licris du
yn blasu fy nillad, ochneidiau dwfn
yn wfftio'r wybodaeth. Yn sydyn mae un
wedi codi'n wyllt ar ei choesau ôl,
yn fy namsgen, a'i chymdogion i gyd
yn dechrau gwrychennu, a storm
o gicio o'm hamgylch. Rwy'n gwegian. Ond mae'r mab
yn rhwygo at glust y fuwch, yn ei throi,
yn clirio ynys o'n hamgylch fel tir
mewn llanw o wartheg. Ryn ni'n dau yn ffoi
a minnau'n gafael yn dynn yn llaw
y ffarmwr tawedog – a'r gyr y tu ôl
yn ein dilyn yn ufudd ac, er gwaethaf fy ofn,
rwy'n eu gwylio'n graddol ddechrau cnoi cil
fel cerfluniau o'n hamgylch, gan fod gair
y ffarmwr yn ddigon i'w dofi. Am nawr.

Y CIGYDD

"Rwy'n ddyn llythrennol.
Ond 'wyddwn i ddim
am ein plentyn gordderch.

Dyddiau mawr i mi
oedd haf ein carwriaeth.
Yn fy ngwaith bob dydd
rwy'n trin calonnau
ond yn methu'r un
a fynnwn ei chadw.

Fe wyddoch amdana i a'i merch?
Sut arall roedd modd i mi ffeindio iaith
i ddisgrifio fy nhraserch? Mae angen bwyd
cyn diwylliant, a beth yw sail
barddoniaeth ond cochni cig a gwaed?"

DADL RHWNG
CARMA A'R BARDD

B: "Y drwg yw, Ditectif, nad oes modd
cysgu â phob un. Does 'run dyn
nad yw'n apelio yn ei ffordd ei hun

os ydych chi'n farus. Bues i'n siom
i fy mamiaith."

C: "Onid dyletswydd plant
yw gwrthryfela?"

B: "Beth yw pwynt

dim heb ei bendith? Mi rydw i'n rhemp,
yn berson llwgr."

C: "Prif waith
bardd yw cyfieithu profiad i iaith

yna geiriau i'w gilydd. Chwarae,
os mynnwch, yna dysgu byw
gyda methiant cerddi. Dyna'r prif gliw

i unrhyw wirionedd."

B: "Ond, Ditectif, rwy'n fwy
na rhigymwr. Nid rhyw gêm
mo'r awen. Y mae'n gallu achub cam

pob math o achosion."

C: "Egotistiaeth yw hyn,
rhodres euogrwydd."

B: "Efallai.
Ond o leiaf rwy'n bwysig os hawliaf y bai."

BRATIAITH

Rwy'n gofyn am 'forthwyl' ond yn meddwl 'rhaw',
yn sôn am goginio ond yn crybwyll rhyw

yn anfwriadol. Yn estyn am ffŵr
ond yn derbyn metel. Gofyn am borffor

ac yn cymryd gwyrdd. Mae'r llinyn rhwng gair
a'r byd wedi torri. Cyflogaf ŵr

i dwrio yn Swyddfa Pethau Coll
fy nghof. Curadur chwarter hanner call.

DIWEDD Y GÂN

Y bardd ar ei hyd
wrth ymyl y cwár.
Gorwedd yn rhan o'r gweunydd.
Yn ei stumog mae'r tywydd –
llyncodd y dydd.

Dyma olion y bwystfil:
golwg o fraw
ar ei hwyneb.
Yna cliw:
y llwnc wedi'i rwygo,
fel pe bai'r llais
yn rhywbeth amheuthun.

Cafodd ei ffordd –
hunan-ddiffoddiad,
tynerwch nerth
mwy nag euogrwydd.
Ond, beth yw gwerth
y fath aberth? Dim
yw dim. Gan fod llid
eisoes yn pydru'r rhedyn.

CARMA'N YMLONYDDU

Diffodd radio'r meddwl.
Heibio i'r sŵn
mae syrffed.

Caeau'n sgrechian
wrth i wyddau'r nos
godi'u cysgodion,
dianc o'r dydd,
tua'r dwyrain
ddoe, heddiw a thrennydd.
Mae yma fwy
nag un llofrudd.

Elyrch yfory yn llyncu aer
ac yn canu wrth basio.

Mae ei galon fel rhewlif,
crisialau o iâ
yn cofio heddiw fel camera.

Gofalus fan yma. Mae pwyntio bys
yn beryglus a does dim troi'n ôl
o dywyllwch y drychau mewnol.

LLAWYSGRIF Y FFARMWR

"Ydw, rwy'n cofio'r llyfr yn iawn.
Fe fyddai'n ei ddangos i mi bob tro
y galwem heibio pan oedden i'n fach.
Beth alla i'i gofio? Roeddwn yn hoff
o gronicl gwartheg. Sut y bu i ddyn
briodi anner a guddiai'n y gwrych
bob tro yr âi ati. Yna sut y cysgai e
bob nos yn y beudy, gan orffwys ei ben
ar felfed ei hystlys, breuddwydio ar fôr
rhythm ei hanadlu. Cyfansoddodd gerdd
ym mydr ei godro, hyd y dydd y trodd hi
yn falch yn ei erbyn, a gwisgo cot
o ledr ei chyd-wartheg, sodlau serth
a cholur, a'i wrthod. A melltithiwyd y ddau
am fethu cyd-dynnu. Ond roedd un peth yn od
am y llawysgrif – wrth ei gweld, bob tro,
roedd yn destun gwahanol. 'Ddarllenais i fyth
mo'r un stori ddwywaith, er chwilio dro
ar ôl tro am hanes y ffarmwr a briododd lo."

RHAGRITH YR ARCHIFYDD

"Y corff yw'r prif fradwr. Mi wn beth sy'n iawn
ond rwy'n methu ei arfer. Roedd y mogadon
yn handi i guddio fod gen i ddyn

nad oedd yn Gymro. Nid yw nwyd
yn deall egwyddor. Yn ei bwyd
y rhoddais i'r powdr, i gadw'r aelwyd

yn dawel. Roedd hi'n gymeriad llawer mwy braf
pan oedd y cyffuriau'n ei chadw'n glaf.
Roedd hi'n ormod yn holliach. Byddai'r peth lleiaf

yn ei chyffroi. Roedd hi'n berson gwamal,
cyforiog. Ond, Ditectif, pan oedd hi'n sâl
roedd fy angen arni, rown i'n gyfartal

â hi. Dyna fantais mam sy'n wan,
rhy swrth i symud o'i hunfan –
gall ei merch ailolygu'r cyfan."

STRÔC IEITHYDDOL

Gyda'r trawiad cyntaf diffoddodd map
dinas ei feddwl. Collodd grap

ar briffyrdd ei enaid.
Trodd ei nerfau'n rhwyd

heb draffig geiriau. Aeth un goes
yn ddiffrwyth a'r byd cyfoes

y tu hwnt i'w afael. Rhoddodd floedd
mewn iaith gynharach, ac yntau'n bedair oed.

CYFFES Y FFARMWR

"Fi a'i lladdodd. Ie, fi a'r da.
Maen nhw'n wyllt yn ddiweddar, yn gallu troi
am y rheswm lleiaf. Gwelais hi'n ffoi

yna'n baglu, cael ei sathru.
Rhaid i chi ddeall, dyn pethe ydw i,
nid geiriau. Ond rwy wedi colli

rheolaeth arnynt, wedi lladd fy mam
cyn i mi'i chael hi. Mae'r dienw'n aflan.
Fy ateb i'r fuches yw: cyflafan."

Y GYMDEITHAS WLEDIG

Gadawsant yr eglwysi cyn iddyn nhw ffoi
o'u ffermydd. Beddau mewn corlan rhag i'r meirw droi

ar hyd llwybrau'u hieuenctid, eu heneidiau fel gwlân
defaid mewn perthi. Y mae lôn

yn draddodiad. A phlwyfi'r ucheldir
yn ddiymgeledd, gan fod gair

yn fan cyfarfod, yn neuadd to sinc,
yn gymanfa, eisteddfod, pwyllgor dan dinc

y glaw digymdeithas. Dyma ystyr diwedd aelwyd:
corff mewn iaith arall. Cyfieithu nwyd.

CYFFES YR ARCHIFYDD

"Roedd hi'n dechrau gwella – dyna oedd y drwg
ar ôl y ddamwain gyda'r fuches wyllt.
Roedd hi'n dechrau busnesan, ac fe fu stŵr
ofnadwy nos Sadwrn pan ddwedes i'r gwir
amdana i a'r doctor, am ein bwriad ni'n dau
i briodi. Felly rhoddais ddôs
go dda o gyffuriau mewn gwydriad o laeth.
Roedd hi fel peth cynddeiriog, yn ceisio mynd mas
i'r ardd yn ei betgwn, yn galw'r nos
ati, fel llewpart a oedd angen bwyd.
Roedd ei hofn hi arnaf. Yn yr oriau mân
collais reolaeth arni'n llwyr,
felly ffoniais fy nghariad . . ."

RHAN Y DOCTOR

Dyn ar y trothwy. "I believe it's me,
Detective, who should be sent down
for their mother's murder." "Pwy ydych chi?"

"Y doctor newydd. Rwy'n dysgu
Cymraeg. It wasn't her
who killed their mother. I'm sorry,

my Welsh is terrible. Fe wrthodai'n lân
fy nerbyn. Wouldn't speak a word
of English to me, wouldn't let me explain

'mod i'n caru ei merch hi.
She was foul, didn't give a toss,
turned her back on us. I could see

it would probably finish us. Without words
in either language I could never reach
her mind to change it. 'Dere o'ma. Tyrd,

mae'n hen wraig genfigennus,'
I said. I hated the hold
she had on her daughter, oedd heb symud bys

i'm dilyn. So I lost it, went for the shoulder blades
just to get a reaction and down she fell
like a body already dead. Rhaid i mi ddweud:

gall iaith fod yn eilun – yn alibi
am beidio â byw. Cariad yn unig sy'n cyfiawnhau
ein hamser. Restiwch fi, Carma, arna i mae'r bai."

Y MUNUDAU OLAF

"Roedd y diwedd yn erchyll. Torrodd argae tu mewn
ac roedd gwaed ym mhobman. Allan o'i cheg
daeth rhaeadrau o eiriau *da yw dant*
i atal tafod, gogoniannau'r Tad
mewn blodau ysgarlad – *yn Abercuawg*
yd ganant gogau . . . – roedd y gwaed yn ddu,
llawn biswail, yn ffynnon a'n synnodd ni
â'i hidiomau – *bola'n holi, ble mae 'ngheg?* –
ac o hyd yn ffrwythlon, *yes no pwdin llo,*
ac roedd salmau'n cronni yn ei pherfeddion hi
ac yn arllwys ohoni, diarhebion, geiriau gwneud,
enwau planhigion, saith math o gnocell y coed,
gwas y neidr, criafolen, ffárwel haf,
yna crawn anweddus, a thermau coll
fel *gwelltor* a *rhychor*, roedd ei chyfog fel hewl
yn arwain oddi wrthi, a byddin gref
yn gadael eu cartrefi y tu mewn i gaer
ei hanadlu *gwŷr a aeth Gatráeth.*
Ac ar ôl yr argyfwng, doedd dim i'w wneud
ond ei gwylio hi'n marw, wrth i boer a chwys
geiriau ei gadael fel morgrug – *padell pen-glin,*
Anghydffurfiaeth, clefyd y paill,
ac er gwaetha'n hymdrechion, erbyn y wawr
roedd y gwaedlif yn pallu, ei gwefusau'n wyn
ac ambell ddiferyn yn tasgu. Yna dim."

CYCHWYN YR HELFA

Wedi'u condemnio, ond heb wybod y sgôr
daw'r gwartheg o'm hamgylch i chwilio am glem
pwy ydw i. Maen nhw'n sefyll fel côr
yn y wisg arferol – blows wen, sgert ddu –
ac yn canu anadlu. Y mae un
yn mentro fy llïo. Rwy'n edmygu ei chefn,
gwythïen ei chader. Ferched, ai chi
a laddodd fy mamiaith? Chi yw dodrefn
y ffarmwr, ei fordydd, cist ddillad, drôr
ei gaeau llewyrchus. Mae prion gwenwynig
wedi'ch condemnio. Edrychaf yn ôl
ac mae'r gwartheg yn archwilio'r cae
mewn rhes, fel plismyn, yn craffu am gliw
dan ysgall a glaswellt, er mwyn cael byw.

CASGLIADAU CARMA

Mae'r trywydd yn arwain ataf fi fy hun.
Mae'r Ditectif yn euog gan ei fod yn dyst
i ddistryw gogoniant. Gan fod gafael rhy dynn

yn creu plant gwrthryfelgar. Gan fod gwerth
amhrisiadwy mewn geiriau lleol Cymraeg
am sut i ganlyn. Am na fydd gan wlith

yr un blas ar ein tafod. Am fod pydredd yn rhan
o lwyddiant diwylliant, am nad oes angen bod
ag ofn methiant, am fod byw'n groes-graen

i iaith yn beth iachus, a phob angladd
yn ailgychwyn, yn wahoddiad i fyw.
Gan fod mamiaith yn drysor ond nid yn dduw.

DALEN O LYFR COLL IAITH

Ffrwydrad o olau
ar ymyl y llyn,

a'r brain fel barnwyr
yn cyhuddo'r dŵr

o guddio darluniau
yn sepia'r mawn.

Peryg. Adenydd
ac, uwch fy mhen,

barcud yn hela
am y brithyll lliw rhwd

sy'n llechu'n fy llygaid.
Fflach, ac o'i ffau

mae llewpart goleuni
yn llamu'n llyfn

ataf fi, ei ysglyfaeth.
Dyma ddechrau fy nhaith

yn ôl at gymuned,
at gwmni iaith

at y pleser o rannu alaw
gwenoliaid yn hela gwybed y glaw.

CERDDI
YCHWANEGOL

CÂN YN Y CYWAIR LLEDDF

Cenais fy ngherddi gorau i gyd
yn y cywair anhysbys:
> *Gwanc y Gylfinir,*
> *Ymddiddan â'r Gog.*

Bod yng ngenau dieithriaid,
yna'n fflam yn eu cof:
> *Meini Taliesin,*
> *Cwrteisi'r Gof.*

Dyma oedd, dyma yw, a dyma fydd
fy enaid:
> *Ymdaith Cymylau,*
> *Cerddediad Gwair.*

Canu a gadael. Dyna fraint
pob un ohonom:
> *Hiraeth am Adref,*
> *Gorfoledd y Saint.*

GADAEL

Gadael modrwyau, cof bod yn briod,
Gadael poer a chwmni tafod.
Gadael enw, anghofio llofnod,
Gadael clyw, hen gysur myfyrdod.
Gadael anadlu, pob dawn adnabod.
Gadael y gollwng a gochel gwybod.
Gadael ymadael. Peidio peidio â bod.

MAEN HIR
Er cof am Gwynfor Evans

Ar fryn saif un o'm meini prawf
yn unig a chennog.

Mae'n briod â'r golau ac mae ei wisg
yn llaes, fel cysgodion.

Mae hwn yn un o bileri'r byd,
yn cynnal cylchoedd cerrig y sêr

ar echel amser. Yn ddall
– er yn amlwg – mae'n darlledu gair

yn ronynnau a thonnau,
yng nghlymau DNA

moesoldeb. Ac yn clywed cri
o dywyllwch tywodfaen, ymateb o bell

fel mwyeilch yn bloeddio ganol nos,
mwyeilch yn hedfan ganol dydd.